站城一体化（TOD）的理论与实践

王志刚　吴学增　编著

中国建筑工业出版社

图书在版编目（CIP）数据

站城一体化（TOD）的理论与实践/王志刚，吴学增编著. —北京：中国建筑工业出版社，2020.10（2022.4重印）
ISBN 978-7-112-25254-1

Ⅰ.①站… Ⅱ.①王…②吴… Ⅲ.①城市铁路－铁路车站－建筑设计 Ⅳ.①U239.5

中国版本图书馆CIP数据核字（2020）第102247号

责任编辑：李 鸽 陈小娟
责任校对：赵 菲

站城一体化（TOD）的理论与实践
王志刚 吴学增 编著
*
中国建筑工业出版社出版、发行（北京海淀三里河路9号）
各地新华书店、建筑书店经销
北京方舟正佳图文设计有限公司制版
天津图文方嘉印刷有限公司印刷
*
开本：787毫米×1092毫米 1/16 印张：12¼ 字数：274千字
2020年11月第一版 2022年4月第二次印刷
定价：128.00元
ISBN 978-7-112-25254-1
（36034）

版权所有 翻印必究
如有印装质量问题，可寄本社图书出版中心退换
（邮政编码100037）

促进站城一体发展,推动空间复合利用

欣闻《站城一体化(TOD)的理论与实践》正式出版,意义重大,可喜可贺。应作者之邀,十分高兴为本书作序。

2010年,中国国土经济学会专家团队在全国率先提出"优化国土空间开发格局"学术理念;2011年,学会主办高效利用国土空间高峰论坛在江西新余召开;2012年,这一学术理念写进党的十八大报告,习近平总书记在不同场合多次谈到要"优化国土空间开发格局";2014年,学会主办全国首家国土空间优化发展实验区在河南省鹤壁市诞生;2015年,学会与鹤壁市人民政府共同编制的全国首个《优化国土空间开发格局规划纲要》发布,被新华社誉为"一张蓝图绘到底"的样板,被中国科协、河南省人民政府、国土资源部作为典型样板在全国宣传推广。

TOD模式强调对土地的综合利用,改变了原有公共交通建设用地单一的开发模式,纵向赋予了原来单一用地的多用途发展开发空间,大幅提高了城市的居住、商业密度以及土地利用效率,是"优化国土空间开发格局"的精准实践。本书清晰地描绘了站城一体化从概念到本质,从理论到实践,从方法到策略研究创新过程,同时也清晰展现了国内外TOD发展理念和开发模式的过程,因此本书的出版,恰逢其时、影响远大。

本书的推出,对行业来讲,是对过去经验的总结、创新、回顾。通过站城一体化开发基本理论阐述,对亚洲典型城市与地区TOD的发展模式,新型城镇化背景下中国TOD的发展方向,站城一体化(TOD)发展模式,站城一体化设计策略等课题进行了探讨,并总结了站城一体化在处理站点功能组织、空间整合、交通组织、地下空间、业态、慢行系统如多站协调、多维统筹、上下协同、多网合一等方面的经验。无论是对TOD项目规划建设与综合开发,还是对各级政府部门相关人员、国土空间规划设计研究机构的设计人员以及相关大专院校的师生交流学习,都具有重要意义。

目前中国TOD的发展缺乏站城一体化系统性规划,土地利用效率低。从国土空间开发和利用的角度,相信本书不仅对提升公共交通建设综合效益、提高土地利用效率,发挥其优化国土空间结构的综合作用,甚至对提升城市的综合竞争力等都有着很好的参考和借鉴意义。

TOD在近几年成为国内城市发展建设的土地利用模式,主要得益于其在土地集约利用、交通系统高效、生态环境良好的多层意义。相信通过 TOD 开发，统筹地上地下空间复合利用，积极推广地下空间开发利用、轨道交通上盖物业综合开发等节地技术和模式，能够真正促进站城一体融合发展，实现站、城、人的有机融合，让城市空间与功能复合、人居环境更加美好、生活更加便利。我认为这也是本书出版的真正题中应有之义。

柳忠勤

中国国土经济学会理事长、党委书记

2020 年 8 月 31 日

序言

随着中国城镇化的快速发展，城市病也在加速蔓延。为综合解决这些城市问题并实现可持续发展，在 2000 年前后 TOD 理论逐渐引起国内学者和规划设计人员的重视。伴随着我国大规模城市轨道交通系统的建设，业内人士更加关注日本、新加坡、中国香港等国家或地区依托轨道交通建设引导沿线土地开发的 TOD 模式，国家发展改革委也立项研究探索通过轨道交通站点及周边片区的一体化综合开发建设提高对土地的集约化利用，提高交通服务的便捷性与高效性，促进实现站城融合。

20 多年来，TOD 理念在中国的理论创新与实践应用等方面都得到了长足发展。一方面，基于中外城市发展的特点和条件的差异性，TOD 理论的内涵和开发目标与模式、研究与应用范围、规划原则与方法等方面均有所不同。另一方面，深圳等若干优秀城市积极推动 TOD 理念植入规划实践并取得了较好发展效果。尤其是 2017 年后，成都将 TOD 开发作为建设公园城市的重要手段，通过 TOD 模式调整城市结构，通过土地政策大规模、系统化地推动站城一体化项目设计及落地，取得了显著成果。

在这种背景下，作者较好地梳理了 TOD 相关理念和案例，总结了 TOD 发展的经验，提供了有价值的参考。

首先，本书具有一定的系统性和创新性，将 TOD 的内涵外延，从线网、线路、站点三个层面对其进行系统的阐述。既以宏观视角分析解读了国内外城市空间结构与轨道网相互促进发展的演变过程，又分别以中观和微观视角深入研究了城市发展带与轨道线、片区与轨道站点的空间互动及系统关联。

其次，本书具有一定的前瞻性，尝试探索今后中国 TOD 的发展方向。通过深入研究中国新型城镇化的发展特点及态势，由此对中国 TOD 发展方向进行研判，并提出了相应的发展建议。

再次，本书具有一定的理论深度，聚焦站点层面，对站城一体化空间设计中的慢行交通系统的组织设计、地下空间的开发利用等，以人的行为模式及感受体验为基础，进行了深入的理论探讨并给出发展方向。

最后，这本书具有较好的实践意义，对于具体项目实操有很好的参考作用。

TOD 是中国在新型城镇化的趋势下，破解当前城市问题、实现城市可持续发展的重要途径，具有重要意义。特将此书推荐给大家，相信领域研究人员和广大读者通过阅读此书，能够获得有益的帮助。

清华大学教授、博士生导师，清华大学交通研究所所长

2020 年 10 月 15 日

前言

当今，世界上一半以上的人生活在城市，全球 GDP 的 90% 也来自城市（镇）。没有什么比城市对当今人类更加重要。正如上海世博会的宣传主题所言："城市，让生活更美好。"

而城市的"美好"不是自然而然发生的。城市是在政府以及社会、市场等主体长年投入基础上沉淀的最大"资源"，是一个复杂的巨系统，这个巨系统要运行良好，要带给居住其中的人们"美好"的体验，就必须保证其各个子系统之间通力协作，而交通与用地系统的紧密融合，是其中最为重要的一环。

虽然对城市是该"集聚"还是"分散"一直争议不断，但是毫无疑问，在当前的经济、技术背景下，通过轨道交通等技术手段提高城市的集聚度，会让城市投入的资源使用效率更高、用地更加集约、人与人之间的交流更加高效。然而，理想和现实之间往往有很大差距。

尽管合理发展城市轨道交通，并通过轨道交通体系与城市土地利用的一体化规划布局以推动城市更加聚集和高效是各界共识；但是国内城市的交通体系，特别是轨道交通体系与城市发展结构、城市产业布局等的深度契合还远远不够。

在当前中国特殊的时代背景下，基于深入的研究和充分的实践，推动轨道交通与城市深入融合，是十分重要和必要的。具体来讲，当前我国城市轨道交通与城市融合的重点体现在三个层面：

一是城市与轨道线网层面。哥本哈根、新加坡、香港、东京等城市的成功经验一再表明，当城市轨道交通线网能够与城市的总体空间格局、产业布局、各片区功能特点充分结合考虑，并一体化规划和布局时，城市轨道交通将成为城市建设和发展最重要的依托，会合理支撑城市有序合理发展、扩张。

二是轨道交通沿线层面。城市轨道交通强大的运能，尤其是骨干线路，在很大程度影响甚至一定程度上决定沿线产业、业态的布局，深入影响沿线站点周边的空间形态。而对此方面影响我们需要进行深入系统性理论研究。

三是站点周边层面。将轨道交通车站与周边环境统一规划、统一设计、统筹建设，可以实现对土地的集约化利用，并带动城市建设，引导人口聚集，对城市发展起到非积极的作用。目前国内部分城市在理论与实践方面，对站点周边开发均有了深入探索。

城市轨道交通的大力发展对大城市、特大城市的发展起了巨大促进作用，虽然轨道交通与城市发展之间的协同仍然不足，但这些问题更多将随着城市更新、新区建设逐步调整。

基于上述认识，笔者在参与轨道交通设计十余年中，积极研究TOD理论并进行实践，深入探索轨道交通与城市发展的关系，希望借本书将所思所研与大家分享。

在本书编纂过程中，许多同事与专家参与编写或帮助校稿，在此一并致谢。

参与编写、校核人员：郭莺、丁仲秀、温琳琳、田青、赵慧、于海婴、刘佳、陈曦、侯怡爽、杨雪、马鑫雨、刘畅、姜安培、裴雪、赵新华、曹吉昌、刘小佑、赵英杰、郎静、袁雯、张君君、朱云飞、山琳、王昊等。

另外，对中国国土经济学会国土交通综合规划与开发(TOD)专业委员会在本书编写过程中给予的支持也一并致谢！

导读

随着我国经济的持续高速发展、城镇化进程不断加快，城市轨道交通建设也随之提速。随着大量线路通车运营，各方也更加关注车站如何更好为城市服务。通过 TOD、站城一体化模式，让轨道交通与城市更加融合，以更加充分发挥轨道建设巨量投资带来综合效益的发展思路，已经成为各方共识。

近年来，国外涉及 TOD 理论及项目实践的著作成果也大量涌现，代表性的有彼得·卡尔索普、杨保军等人编著的《TOD 在中国：面向低碳城市的土地使用与交通规划设计指南》，针对中国时代发展背景提出了 TOD 的八项开发原则；日建设计站城一体开发研究会编制的《站城一体开发：新一代公共交通指向型城市建设》，其通过站城一体化开发的案例，对车站与城市的关系、车站的选址、开发规模的设定、土地复合利用模式等规划课题进行了探讨。

近十年来，国内在站城一体化、TOD 实践与理论方面探索颇丰，但针对站城一体化核心技术探讨、如何进行站城一体化设计系统指引等方面的论著尚不足。本书基于笔者团队近年参与的相关项目，进行了系统总结及理论探索，望抛砖引玉，进一步推动我们共同的 TOD 事业。

本书各章节主要编写内容如下。

第一部分：对 TOD 的概念及外延进行理论探讨解析。从线网、线路、站点三个层面对 TOD 进行系统的阐述。

第二部分：对东京、新加坡、香港、深圳四座城市及地区的 TOD 发展历程及特点进行分析总结。认为 TOD 不仅仅是站城一体化，更应该结合城市发展、轨道整体建设进行系统考虑。本部分对东京、新加坡、香港、深圳等城市及地区在 TOD 发展过程中轨道线网与城市、线路与片区、站点与区域关系进行解读，希望对今后构建轨道上的都市圈有所借鉴。

第三部分：对新型城镇化背景下的中国 TOD 发展方向进行探索。从对城市及轨道交通的起源与发展的分析入手，进而深入研究新型城镇化在空间角度、发展特点等方面的发展态势，由此对中国 TOD 发展方向进行研判并提出建议。

第四部分：聚焦站点层面的 TOD 暨站城一体化。对站城一体化空间设计的核心技术进行理论研究、探讨。主要涉及慢行交通系统、地下空间。

第五部分：针对笔者参与的某个案例进行设计过程详细解析，以此说明站城一体化中产业、业态、慢行系统、地下空间、地面规划等之间的逻辑关系。希望能对相关技术人员有所帮助。

由于研究深度及时间原因，本书未对站城一体化建设中的土地政策、多方利益协同机制等内容进行重点论述。也希望今后与国内同仁能够在此方面共同深入研究，推动核心体制机制改革。

本书对希望了解 TOD 与站城一体化的设计人员、建设、管理、运营人员具有一定参考价值，也可供大专院校相关专业师生参考阅读。

鉴于本编写团队主要从事项目工程设计工作，在理论研究，尤其是深层系统理论研究上难免有欠缺或偏颇，不足之处，望指正。

目录

1 TOD 的基本理论及其在中国的发展 —— 001
  1.1 TOD 概念界定 —— 002
  1.2 TOD 理论的中国化 —— 006
  1.3 TOD 概念外延：不同层面的 TOD 模式 —— 012

2 国内外典型城市及地区 TOD 发展模式研究 —— 016
  2.1 亚洲典型城市及地区 TOD 发展模式 —— 017
  2.2 中国典型城市 TOD 发展模式 —— 038
  2.3 小结 —— 059

3 新型城镇化背景下的中国 TOD 发展方向探索 —— 063
  3.1 城市及轨道交通的起源与发展 —— 064
  3.2 新型城镇化发展趋势 —— 065
  3.3 TOD 发展方向 —— 067
  3.4 小结 —— 080

4 站城一体化（TOD）发展模式设计策略 —— 082
  4.1 站城一体化（TOD）设计主要策略 —— 083
  4.2 站城一体化（TOD）地下空间设计 —— 097
  4.3 站城一体化（TOD）慢行交通系统设计 —— 128
  4.4 站城一体化（TOD）发展模式主要制约因素 —— 144

5 站城一体化设计的详细解析 —— 145
  5.1 策略一：多向收集 深入解读 —— 148
  5.2 策略二：系统分析 精准定位 —— 152
  5.3 策略三：定位导向 交通引领 —— 154

5.4 策略四：多站协同 网络布局--159
5.5 策略五：多维统筹 地下营城--161
5.6 策略六：上下协同 生长之城--166
5.7 策略七：模式构建 多网合一--168
5.8 统筹兼顾 合理调整规划用地--174

附：TOD指数评价体系---176
参考文献--178
后记--182

1

TOD 的基本理论及其在中国的发展

1.1 TOD 概念界定
1.2 TOD 理论的中国化
1.3 TOD 概念外延：不同层面的 TOD 模式

1.1 TOD 概念界定

1.1.1 TOD 理论的提出与引入

TOD 是公共交通导向发展模式，是 Transit-Oriented Development 的简称。1993 年，彼得·卡尔索普（Peter Calthorpe）在其著作《下一代美国大都市地区：生态、社区和美国之梦》中首次系统阐述了由密集的公共交通网络导向的土地多元化开发模式暨公共交通引导城市发展[1]。

20 世纪 40 年代，美国鼓励小汽车交通发展，这种趋势随着二战以后美国经济的强劲增长而不断增强，美国城市土地利用"低密度"化成为一种普遍现象。在此模式下，美国打造了"车轮上的城市（城镇）"，并引发了郊区蔓延（Suburban Sprawl）。

20 世纪 70 年代，过度的石油开采及使用导致能源危机显现，并对环境产生巨大压力，迫使人们开始反思过度依赖小汽车出行的土地使用模式。基于上述反思，专家、学者提出了被称为"新城市主义"（Neo-urbanism）的"精明增长"理念。新城市主义提倡"多样的、混合使用的"用地模式，主张将一切与人们生活息息相关的设施都布置在适宜步行出行的空间范围之内，高度重视公共交通体系与土地利用的协同关系。

彼得·卡尔索普提出的"TOD"模式，其规划准则明显区别于传统规划思路：第一，区域的增长结构应该与公共交通的发展方向一致，应当采用更为紧凑的城市结构；第二，应该用混合使用的、适于步行的规划原则取代现状普遍存在的单一用途的区划控制（Zoning）原则；第三，城市设计应当面向公共领域，以人的尺度为导向，而不是倾向私人领域和小汽车尺度。

基于以上思路，彼得·卡尔索普将 TOD 定义为：半径为 1/4 英里（约 400m），以公共交通车站和中心商业区为核心的土地混合利用社区，其设计、构造和土地的混合使用强调步行导向的环境并强化公共交通的使用。

一直以来，彼得·卡尔索普不断在实践及理论研究方面推动着 TOD 理念的发展与完善，除了 1993 年出版的《下一代美国大都市地区：生态、社区和美国之梦》，2014 年、2018 年又相继主持出版了《TOD 在中国》[2] 及《翡翠城市》两本关于 TOD 的理论书籍（表 1-1）。

彼得·卡尔索普 TOD 相关著作一览表　　　　表 1-1

时间（年）	著作	主要内容及特点
1993	《下一代美国大都市地区：生态、社区和美国之梦》	开创性提出 TOD 理念 TOD 将居住、零售、办公、公共空间和公共设施等结合在适于步行的范围内，方便使用公共交通、自行车和步行等多种交通方式

续表

时间（年）	著作	主要内容及特点
2014	《TOD在中国》	基于中国城市的可持续发展提出TOD八项原则，明确了中国TOD开发实践的具体实施路径。 ①原则一：设计适宜步行的街道和人行尺度的街区 ②原则二：自行车网络优先 ③原则三：提高道路网密度 ④原则四：发展高质量的公共交通 ⑤原则五：混合使用街区 ⑥原则六：根据公共交通容量确定城市密度 ⑦原则七：通过快捷通勤建立紧凑的城市区域 ⑧原则八：通过调节停车和道路使用来增加机动性
2018	《翡翠城市》	从更为宏观的视角提出挑战低碳城市的十项开发原则，并融入"城市增长边界"理念。 ①城市增长边界 ②公共交通导向型开发 ③混合用途 ④小街区 ⑤步行与自行车 ⑥公共空间 ⑦公共交通 ⑧小汽车控制 ⑨绿色建筑 ⑩可持续基础设施

资料来源：作者整理

1.1.2 TOD概念的发展与演变

由于TOD具有多维性、复杂性及开放性等显著特点，迄今学界并未形成统一明确的TOD概念，相关专家学者及机构只是从不同的视角不断补充和完善TOD的概念内涵（表1-2）。[3] 经对比，TOD概念的核心内涵基本趋同，即以公共交通为中心，强调土地混合使用和步行。笔者认为TOD的核心理念还是以人为本，以此为根本使得交通与城市实现有机发展，功能相互融合，以站点为中心塑造社区，区域内强调土地混合使用和慢行体系连接。

关于TOD的典型概念定义比较一览表　　表1-2

提出者	时间（年）	概念描述	概念特点
彼得·卡尔索普	1994	TOD是指半径为1/4英里（约400m），以公共交通车站和中心商业区为核心的土地混合利用社区	以公共交通和商业区为核心 强调土地混合使用
大卫·萨尔维森	1996	TOD是在一个特定地理范围内围绕着公交站的混合土地利用类型和所有权的开发行为	以公交站为核心 强调土地混合使用
博涅科和瑟弗洛	1997	TOD是一个布局紧凑、功能混合的社区，以一个公共交通站点为社区中心，且公共设施和公众空间布局在社区中心	以公交站为核心 强调用地功能混合 将公共设施及公众空间置于核心位置

续表

提出者	时间（年）	概念描述	概念特点
弗雷利奇	1998	TOD 提高大容量交通运输的使用，采用土地混合使用与多样化的建筑设计取代单调的土地使用形式	强调土地混合使用
加利福尼亚州政府	2002	TOD 是围绕主要公共交通站点进行适中或高密度的土地利用，通常将居住、就业、商业服务设施混合布置于适合步行的范围之内，并不排除小汽车，适合于新建也适合于改建	以公交站点为核心 关注行人使用便利性但不排除小汽车 明确 TOD 适用情况：新建+改建
美国交通部公共交通管理局	2005	TOD 是一个以公共交通中转站为中心的邻里或社区。在站点步行距离内拥有混合的功能，站点及周边街区必须拥有良好的交通设施公交汽车和自行车，车站周边应适于步行	以公交中转站为核心 强调适于步行
科罗拉多州丹佛市市政府	2006	TOD 在公共交通站点半英里（约800m）半径或通常步行距离内，拥有不同密度的混合功能区域，是环绕站点周边区域的整体发展模式。"场所塑造"和公共交通对于 TOD 而言同样重要	以公交站点为核心 强调围绕站点周边整体开发 强调"场所塑造"重要性
美国 TOD 研究中心	2007	TOD 是在公共交通中转站周围步行距离内（通常是半英里，约800m）紧凑发展的模式，它常常拥有混合功能布局，例如住房、就业、商店、餐厅和娱乐等设施	以公交站点为核心 用地功能混合
马里兰州交通联合会	2009	TOD 是指一种在区域性的公共交通网络与人们生活、工作和娱乐场所之间建立联系的发展模式，它可以提供给人们住宅和交通的多样选择	强调 TOD 为区域性公共交通发展模式

资料来源：作者整理

1.1.3 用地布局模式

受经典经济学理论——土地竞租理论影响，TOD 用地布局基本呈圆形圈层布局，核心一般以公交站点为中心布局承租能力较强的商业、商务用地，居住、产业、公共服务等其余用地由内向外扩展。典型用地布局模式可参见图1-1、图1-2。

土地竞租理论提出"意愿支付租金"的虚拟概念，即某个土地使用者（居民或企业）为竞争得到某块城市土地（某个区位）所愿支付的最高租金。对于单中心城市而言，对区位较敏感、支付地租能力较强的竞争者（如商业服务业）将获得市中心区的土地使用权，其他活动的土地利用依次外推。随着地租价格从市中心向郊外逐渐下降，市中心至郊外的用地功能依次为商业区、工业区、住宅区、城市边缘和农业区。以城市住宅用地为例，距离市中心 t 处的交通成本为 $k(t)$，随 t 的增大而增加；地租为 $P(t)$，随 t 的增大而减小。而轨道站点的设置，为站点周边地段提供了与城市中心的便捷联系，无疑减小了该地段与城市中心之间的交通成本 t，则必将带动站点附近地租 $P(t)$ 上升，因此一些城市外围地区往往依托轨道交通及站点的设置，发展成为地区中心。

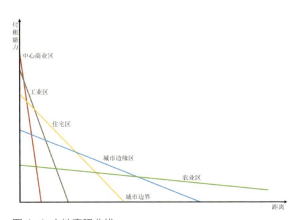

图 1-1 土地竞租曲线
图片来源：作者自绘

图 1-2 美国 TOD 圈层用地布局模式示意图
图片来源：作者自绘

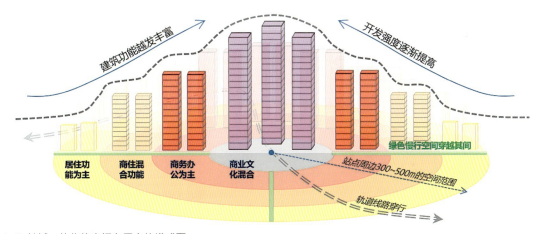

图 1-3 站城一体化的空间布局立体模式图
图片来源：作者自绘

对于某一站点周边而言，随着地段与轨道站点之间距离的增加，交通成本 t 逐渐上升，则地租 P(t) 逐渐降低。因此，一些典型的轨道站点周边的地块功能往往随地租变化而形成圈层式布局模式：从轨道站点向外依次形成商业功能、办公功能、居住功能。为实现站点与其周边地段的便捷联系，往往以轨道站点为中心布局放射性的慢行体系。

随着地块与轨道站点距离的逐渐增加，地租逐渐上升，地块则承载具有更高收益的城市、功能更为复合的建筑功能。距站点近、具有较高便捷性的地块资源极为有限，稀缺性资源带来的较高收益预期将促使其投入更多的开发建设成本，形成较高的地块开发强度。往往在轨道站点周边 300～500m 的范围内，随着地块与轨道站点距离的减小，地块上的建筑功能愈发丰富、经营的业态类型愈发偏重高附加值产业、地块的开发强度随之逐渐提高（图 1-3）。TOD 一体化开发则顺应了站点周边高密度集约性开发的需求。

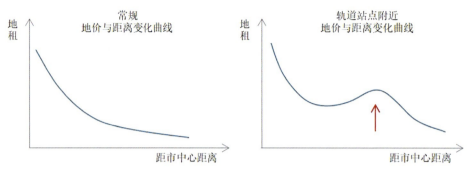

图 1-4 站城一体化的带动下地价与距离的对比图
图片来源：作者自绘

在我国部分大城市轨道交通沿线的城市规划中，已开始从城市总体规划、分区规划层面关注轨道交通站点周边的 TOD 一体化开发需求。如北京在城市总体规划的逐级落实中，要求未来新建与更新地区，依托一体化重点站划定"轨道微中心"，形成局部规划控制和引导，以实现城市用地与轨道交通站点充分融合、互动，促进站点周边形成可达性高、土地集约化利用程度高、具有多元城市功能、具备场所感和识别性的城市地域空间（图 1-4）。

1.2 TOD 理论的中国化

1.2.1 TOD 理论在中国的发展

（1）引入背景

21 世纪，中国处在快速城市化的进程中，交通拥堵、环境污染、土地资源紧缺、城市无序扩张等城市病也在加速蔓延。为了解决这些城市问题并实现可持续发展，源起于美国而风靡于一些发达国家的 TOD 理论引起国内学者重视。2000 年深圳大学陈燕萍依 TOD 理念指出建立公共交通导向的土地利用模式是解决我国城市交通问题的根本出路。[4] 伴随着 2008 年以来的大规模轨道交通建设，并且近年来在新型城镇化、城市更新以及基础设施投融资改革这几大浪潮的多方推动下，依轨道交通这一公共交通引导城市发展的 TOD 理念逐渐成为规划学界和规划行业关注的热点。

（2）发展路径
① 文献研究

对中国知网 2000—2019 年间的"TOD"相关学术期刊及会议论文进行检索，梳理得到共 621 篇论文（图 1-5）。国内发文数量呈现总体增长趋势，表明近年来国内对 TOD 理论研究关注度的持续增加。值得注意的是，在 2008 年前后及 2013 年后出现了两次较大幅度的增长，这与我国轨道交通发展趋势及政策导向表现出高度一致性，说明

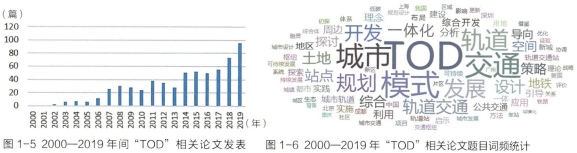

图 1-5 2000—2019 年间"TOD"相关论文发表统计
图片来源：作者自绘

图 1-6 2000—2019 年"TOD"相关论文题目词频统计
图片来源：作者自绘

TOD 理论研究与实际需求结合紧密。

对 2000—2019 年间"TOD"相关论文的题目进行词频统计（图 1-6），出现频次最多的关键词一与交通相关，包括轨道交通、公共交通、城市轨道、站点、枢纽等；二与土地及城市相关，包括土地利用、土地开发、综合开发、城市空间、城市发展、城市规划等。正如邓元媛等学者指出，国内 TOD 研究主要是将其作为城市交通的组织方式，城市土地开发利用的有效模式，城市空间规划的引导手段。[5] 其他出现频次较多的关键词包括如下几类：①可持续发展、生态、低碳等，体现了 TOD 理论与其他城乡规划理论的关联；②一体化、系统、体系、协调等，体现了 TOD 理论的系统观；③北京、上海、深圳、广州、重庆、成都等，体现了 TOD 理论主要发展于人口众多且经济水平较高的大城市；④新城、新区、更新等，体现了 TOD 理论主要应用在新区建设与老城更新这两大场景。

通过进一步研究发现，20 年间国内专家学者们关于 TOD 理论的研究内容主要聚焦于概念起源及国外发展经验、本土化发展、技术应用、评价体系等四大方面。

首先，TOD 理论引入中国后，马强、任春洋、丁川、王治、胡映东等学者率先对其发展起源、概念内涵及国外发展经验等基本内容进行梳理[6-10]，明确 TOD 模式对我国有着十分重要的借鉴意义，为我国开展 TOD 本土化研究和实践奠定基础并拓宽思路。

其次，行业内逐渐反思 TOD 理论在国内的适用性，张明、陈莎、陆化普、李斑、王有为、陈学武等学者均认为 TOD 在中国城市的实施背景、条件和目的与国外有所不同，因而提出适合中国城市特征的 TOD 理念内涵、规划设计原则、规划方法、实施原则及框架等[11-16]，为 TOD 的中国化和本土化实践应用构建理论基础。

再次，国内学者进一步尝试开展有关 TOD 在中国的技术应用研究，关注 TOD 在中国城市到底应如何应用与发展、如何使 TOD 理念在中国城市发展背景下落实。一方面，金鑫、何冬华、魏良臣等学者分别对 TOD 理论指导下的不同城市的宏观层面城市空间和用地规划设计、中观层面轨道沿线土地利用、微观层面轨道站点周边规划设计等方面的应用实例进行介绍和分析。[17-19] 这些案例研究揭示了 TOD 在中国不同城市的不同层面的实践和应用情况，也为 TOD 在中国的实践提供了一定的理论依据，是 TOD 由概念向实践转化的积极尝试。另一方面，邵源、李春香等学者强调 TOD 的落地实施即相关体制机制研究[20-21]，关注如何将 TOD 理念贯彻在投融资、规划设计、实施、运营管理的全过程。

最后，随着 TOD 理论研究的深入以及实践应用案例的增多，学者们逐渐关注 TOD 的相关评价体系建立问题。研究初期李森、陈吉发等人关注 TOD 在社会、经济、环境等整体层面的成效评价[22-23]，后来谢秉磊等人进行城市轨道交通与土地利用协调关系的评价[24]，近年来姜洋等人开展城市层面 TOD 模式发展水平评价研究（见附录）[25]。各个学者针对所研究的评价对象，从不同角度建立评价体系。但是目前行业内尚未形成统一且具有权威的评价体系标准。

随着 TOD 理论的深入发展，国内 TOD 研究内容逐渐发散，但呈现出如下几个特征和趋势：①系统化。首先，学者们逐渐强调拓展 TOD 概念外延，形成涵盖多个层次、多种交通方式支撑的广义 TOD 定义范畴；其次，学者们逐渐强调 TOD 的相关体制机制研究，关注如何将 TOD 理念贯彻在投融资、规划设计、实施、运营管理的全过程；最后，国内 TOD 研究逐渐摆脱仅探讨公共交通系统与城市发展相互影响的局限，开始关注其衍生的其他专业领域问题，包括产业发展、工程技术、景观设计等，形成与社会学、经济学、生态学等领域的交叉，反映出 TOD 研究的综合性系统化特征。②精细化。越来越多的研究开始聚焦于 TOD 模式中步行空间设计、街道景观设计、接驳空间设计等精细内容。③创新化。首先，TOD 理念与生态城市、低碳城市、低碳生态城市、可持续发展、新型城镇化、城市群等国内新兴城市规划理论及热点的关联性研究逐渐加强；其次，智能化系统设计、大数据分析等创新型技术成为 TOD 理论研究的重要方法手段。

②相关政策及规范梳理

TOD 理论引入我国后，除了专家学者的文献研究外，也逐步得到相关政府部门和行业的高度关注，通过发布技术标准和实施细则等技术文件来推动 TOD 理论在中国落地。

第一，国家大力倡导推动。2014 年国务院印发《国家新型城镇化规划（2014—2020年）》，明确将"密度较高、功能混用和公交导向的集约紧凑型开发模式成为主导"作为新型城镇化发展的重要目标。2015 年住房和城乡建设部颁布《城市轨道沿线地区规划设计导则》要求在城市层面、线路层面和站点层面加强规划引导，实现城市轨道沿线城市功能与交通功能的一体化发展。2016 年交通运输部印发《城市公共交通"十三五"发展纲要》，提出建立城市公交引导城市发展新机制的相关要求。

第二，2015 年开始，各个城市相继出台了关于 TOD 发展的地方性法规和指导意见（表 1-3），针对 TOD 推进过程中最常遇到的规划统筹、行政审批、土地收储、开发权获取、收益分配等方面的关键问题，分别进行了聚焦或者全面的说明。其中，上海、广州、成都、南京、青岛等地就 TOD 实施管理的全过程作了系统全面的说明，杭州、东莞等城市单独聚焦于投融资管理等问题。

各个城市的技术文件　　　　　　　　　　　　　　　表 1-3

文件名称	城市	时间（年）
《关于推进南京市轨道交通场站及周边土地综合开发利用的实施意见》（宁政发〔2015〕215号）	南京	2015
《关于推进本市轨道交通场站及周边土地综合开发利用的实施意见》（沪府办〔2016〕79号）	上海	2016
《青岛市轨道交通土地资源开发利用管理办法》（政府令第249号，2016）	青岛	2016
《广州市轨道交通场站综合体建设及周边土地综合开发实施细则（试行）》（穗府办规〔2017〕3号）	广州	2017
《杭州市城市轨道交通资金筹措与平衡办法的通知》（杭政函〔2017〕73号）	杭州	2017
《东莞市轨道交通建设投融资管理办法》（东府〔2018〕27号）	东莞	2018
《成都市轨道交通场站综合开发用地管理办法(试行)》(成办函〔2019〕54号)	成都	2019

资料来源：作者整理

1.2.2 TOD 理论在中国的实践

截至 2018 年底，中国内地已有 35 个城市开通城市轨道交通，并有 16 个城市实现网络化运营。此外，共有 63 个城市轨道交通线网规划获批，并有 61 个城市在实施，我国轨道交通迎来了大开发时代。[26]

伴随轨道交通事业的蓬勃发展，TOD 理念自 2000 年正式引入中国以来已走过了近 20 年的规划实践历程，归纳总结起来可大致划分为起步发展、缓慢发展及快速发展三个典型阶段（图 1-7）。

需要特别说明的是，深圳作为较早实施 TOD 发展模式的倡导者，提出了"建地铁就是建城市"的发展理念，也是 TOD 实践成果最为丰硕的城市。有关深圳 TOD 的系统介绍将在本书第二章中详细阐述。而成都是近年来 TOD 模式发展最快、最好的城市之一，它的 TOD 一体化开发实践目前基本已经走在全国前列，是 TOD 理念与实践在我国深入快速发展的重要推力。

成都把"以 TOD 开发主推美丽宜居公园城市建设"作为城市发展理念，TOD 开发成为建设公园城市的重要手段。2017 年后，成都陆续出台《成都市轨道交通场站综合开发专项规划》《成都市轨道交通场站一体化城市设计导则》[27]《成都市人民政府关于轨道交通场站综合开发的实施意见》《成都市轨道交通场站综合开发实施细则》《成都市轨道交通场站综合开发用地管理办法（试行）》等相关技术文件，为成都 TOD 综合开发提供了工作依据。2018 年率先推出五个批次近 30 个站点的 TOD 一体化城市设计招

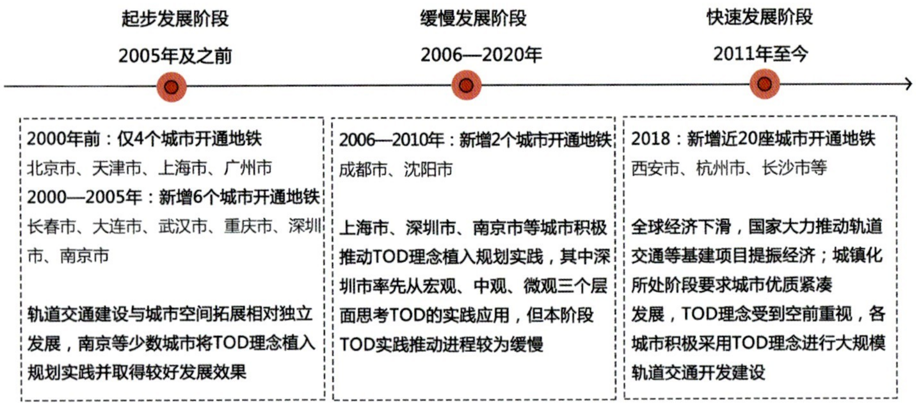

```
起步发展阶段                 缓慢发展阶段                 快速发展阶段
2005年及之前                 2006—2020年                 2011年至今
```

```
2000年前：仅4个城市开通地铁       2006—2010年：新增2个城市开通地铁    2018：新增近20座城市开通地铁
北京市、天津市、上海市、广州市      成都市、沈阳市                    西安市、杭州市、长沙市等
2000—2005年：新增6个城市开通地铁
长春市、大连市、武汉市、重庆市、深圳   上海市、深圳市、南京市等城市积极     全球经济下滑，国家大力推动轨道
市、南京市                      推动TOD理念植入规划实践，其中深     交通等基建项目提振经济；城镇化
                               圳市率先从宏观、中观、微观三个层     所处阶段要求城市优质紧凑
轨道交通建设与城市空间拓展相对独立   面思考TOD的实践应用，但本阶段      发展，TOD理念受到空前重视，各
发展，南京等少数城市将TOD理念植入   TOD实践推动进程较为缓慢           城市积极采用TOD理念进行大规模
规划实践并取得较好发展效果                                       轨道交通开发建设
```

图 1-7 TOD 在中国规划实践历程示意图
图片来源：作者自绘

标，2019 年年初更是启动首批 13 个 TOD 综合开发示范项目，并计划加快构建"城市级—片区级—组团级——一般级"的四级站点综合开发体系，目前基于 TOD 的一体化城市设计招标工作仍在持续进行中。如此大规模、系统化推进 TOD 项目设计、落地在我国尚属首例，这标志着我国基于 TOD 理念的轨道交通一体化城市开发模式开始迈入实质性快速发展阶段。

1.2.3 TOD 理论的中国化特色

TOD 理论源于美国，但由于中美城市在发展阶段、人口密度、社会经济体制、文化等背景和条件方面的差异性，TOD 理论在中国实现了一定的创新和突破（图 1-8）。

（1）作用升级

与 TOD 在美国强调抑制城市蔓延的定位不同，在中国发展 TOD 具有促进城市空间结构及功能布局优化、促进职住平衡、提高公共交通效能[16]、提升城市消费等级等意义。

（2）原则优化

美国 TOD 理论遵循"3D"原则，即"密度"(Density)、"多样性"(Diversity)、"合理的设计"(Design)，但它们在中国化的过程中均进行了一定程度的优化。

①密度。应依据不同区域及城市的等级区别对待。同等情况下，向车站站点周边集中，广域层面向都市圈集中。由此形成疏密合理的开发密度。

②多样性。面对中国建成区早已形成常态的土地无序"混杂"，以及新建地区土地开发功能单一等问题，中国 TOD 模式需要着重强调有序的土地混合使用。

③合理的设计。中国人口密度高，人与车之间的相互干扰较大，因此中国 TOD 模式需要着重强调步行系统的连续性。

图 1-8 TOD 理论的中国化特色
图片来源：作者自绘

（3）区域扩展

美国 TOD 理论基于白地设定，这更加适用于我国新建地区。但是随着我国城市建设重点由增量扩张转向存量优化，TOD 模式更多面对的是城市更新改造等更为复杂的命题。中国 TOD 模式除了聚焦于城市增量规划下城市新区的精明增长外，也极其关注城市存量规划下建成区的城市更新。

（4）内涵外延

①源起美国的 TOD 内涵定义在社区层次，引入中国后从单一站点社区层次扩展到宏观、中观、微观等多个层次。有关此层次外延的系统介绍将在本书 1.3 中详细阐述。

②源起美国的 TOD 理论最初为"公共交通引导发展"。在我国，随着各大中城市轨道交通的大力发展，"公共交通"已经更加聚焦于以城市轨道交通为主的大运量轨道交通模式，因此，在我国 TOD 更多是指"轨道交通引导发展"，关注于轨道交通与城市的融合。近年来，在以传统轨道交通（地铁、轻轨等）为导向的 TOD 模式基础上，开始出现以高铁、市域铁路为支撑的 TOD 模式。

③源起美国的 TOD 理论最初为一种社区设计手法，引入中国后逐渐发展成为一种城市的可持续发展战略，形成涵盖公共交通、土地利用、社区发展、规划设计、项目融资等多方面的综合应用体系。

1.2.4 TOD 理论的中国化问题及建议

TOD 理论的中国化已经得到一定发展，但仍处于初级阶段，存在不少局限（图 1-9）。

第一，理念认知不足。现阶段国内对 TOD 理念的理解存在一些偏差，TOD 模式并不仅仅是轨道交通站点周边土地开发或者地铁站点综合体开发。有学者指出中国地铁站周边的开发更趋近于 TAD（公交毗邻发展）模式，缺乏对站点附近土地开发的整体考虑，内部设计缺乏联系性，导致无法促进公共交通使用或提升站点附近的开发价值。[14]

因此，对 TOD 理念的认识应进一步深化，继续突破点模式向线、面过渡，以形成站点、

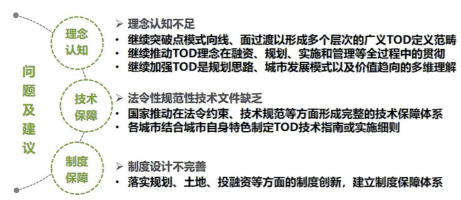

图 1-9 TOD 理论的中国化问题及建议
图片来源：作者自绘

线路、城市等多个层次的广义 TOD 定义范畴，继续推动 TOD 理念在融资、规划、实施和管理等全过程中的贯彻，继续加强 TOD 是一种规划思路、一种城市发展模式以及一种价值趋向的多维理解。

第二，法令性规范性技术文件缺乏。如何打造中国成功的 TOD 模式？虽然国家相关部门及各个城市相继出台了技术导则、实施细则和管理办法，但缺乏法定效应，系统性和连续性不足，在实施机制方面仍需进一步细化，且需要关注各个城市特征。

针对这一问题，首先，国家应深入推动在法令约束、技术规范、实施管理等方面形成完整的技术保障体系。其次，各城市应特别注意因地制宜，基于城市特色，结合城市自身在 TOD 实施方面的不同需求制定 TOD 技术指南或实施细则。

第三，制度设计不完善。TOD 的实施缺少规划、土地、投融资等方面的制度政策支撑和创新。例如就规划管理制度而言，在 2018 年机构改革之前，各部门各司其职，规划和国土缺少融合，TOD 在推进过程中面临诸多阻碍。但随着 2018 年机构改革，在新时代的国土空间规划背景下，原来分散在发改、住建、国土等不同部门的空间规划职能统一整合在自然资源部，使得交通、用地、产业、公共服务设施等各类空间要素得到更好的统筹协调。

可见，规划管理制度在逐步改善中。但这只是制度完善过程中迈出的一小步，未来仍需落实规划、土地、投融资等方面的制度创新。制度研究和设计是 TOD 理论中国化的基础性内容之一，今后国家和各个城市都必须进一步深化建立 TOD 发展全生命周期的制度保障体系。

1.3 TOD 概念外延：不同层面的 TOD 模式

伴随 TOD 实践，TOD 概念已延伸至宏观、中观、微观三个层面。2015 年，住房和

1 TOD 的基本理论及其在中国的发展　013

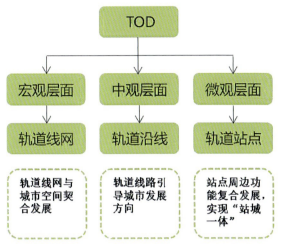

图 1-10　TOD 概念外延逻辑示意图
图片来源：作者自绘

图 1-11　东京都市圈轨道线网与都市圈空间结构
图片来源：作者自绘

城乡建设部颁布的《城市轨道沿线地区规划设计导则》就曾从城市、线路、站点三个层次提出规划设计引导。广义的 TOD 概念在宏观、中观、微观三个层面全方位实现公共交通（城市轨道交通）对城市空间及功能拓展的影响，具体通过轨道线网引导都市圈／城市发展、轨道线路引导主要轴带发展、轨道站点引导片区发展来实现轨道交通与城市空间发展的契合（图 1-10）。

1.3.1　宏观层面：轨道线网与都市圈／城市空间发展结构契合

第一，轨道线网与都市圈空间发展结构契合。未来都市圈空间发展一定是由枢纽类的节点"点状"向外拓展带动，而不再是由中心城区"片状"向外延伸带动。轨道线网的构建和枢纽类节点的建设成为都市圈空间发展的两大基础。

日本东京都市圈的轨道"蛛网"与都市圈空间结构高度契合（图 1-11），有力支撑了东京都市圈的"多中心"空间结构，使东京都市圈成为世界范围内城市空间集聚高效、健康发展的典范。有关东京 TOD 的系统介绍将在本书第二章中详细阐述。京津冀都市圈的空间发展结构与轨道线网也基本契合，但与东京都市圈相比，重要节点作用明显不足。

第二，轨道线网与城市空间发展结构契合。丹麦的规划实践已成为轨道线网与城市空间结构契合发展的典型代表。丹麦哥本哈根于 1947 年提出了著名的"手指形态规划"，明确城市开发沿着狭窄的放射形走廊集中进行，并由城市轨道交通支撑。最终，该规划得到贯彻执行，发达的轨道交通系统沿着放射形走廊从中心城区向外辐射，沿线的土地开发与轨道交通的建设有机整合在一起，有效引导了哥本哈根城市空间的良性拓展。

在我国，很多城市的轨道线网与城市空间拓展还未良好契合，存在一定程度的偏差。以成都为例，轨道线网和城市空间发展结构基本吻合，但南北向主要发展轴线上交通压力较大，西北—东南斜向发展轴线上轨道联动力也相对较弱，应在这些发展轴线及临近区域加密更多的轨道。再如北京，《北京市城市总体规划（2004—2020）》中的城市空间结构与轨道线网布局的契合度也不高，《北京城市总体规划（2016—2035）》中的城市空间结构与轨道线网布局的契合度就有所提升，使得轨道交通的建设和整个空间结构的拉动具有了一致性。

寻求轨道线网与城市空间发展结构的契合关系，其实更深层次是探讨如何通过城市产业业态的布局，以及居住、办公、商业、娱乐等功能的匹配，实现以人为核心的交通、产业、空间协同的目标。

1.3.2 中观层面：轨道交通线路引导城市空间发展方向

单条轨道线路特别是骨干线路将在很大程度上调整、优化沿线产业、业态布局，推动沿线城市空间重构优化，因而单条轨道线路尤其是骨干线路对城市空间发展方向具有重要影响和带动作用。对中心城区发育相对较为成熟的城市而言，通过单条轨道线路的科学选线加强城市郊区与中心城区的联系显得尤为重要。

例如，美国阿灵顿的R-B走廊是美国单条轨道线路带动郊区与中心城区联系的TOD建设成果典范。阿灵顿县因有邻近华盛顿这一便利条件，借助华盛顿都市地区地铁系统建设的契机，制定了沿地铁线路支撑开发建设的一系列战略和政策。该走廊强调轨道交通建设与土地开发、城市空间的整合，依托城际轨道将居住、办公、零售开发集中在车站附近，使居民能够方便利用城铁出行，努力营造一个良好的社区环境，吸引大量人流，成为地区内外居民青睐的居住、工作、购物场所。

目前我国大部分城市空间功能拓展大多单纯依赖城市道路主廊道而非轨道沿线主廊道，在一定程度上表现为轨道线路建设与城市空间功能发展"脱节"，导致轨道线路对城市空间发展的引导作用未能充分发挥。

但是随着人们对轨道线路引导城市空间发展认识的不断加深，近年来对线路层面的相关TOD研究逐渐增多，涵盖总体线路与发展战略研究、沿线发展策略与规划、站区规划设计、站点物业设计等各个阶段的经济策划、区域策划、空间设计、交通规划等内容，形成线路层面全阶段系统性的TOD开发矩阵。

而轨道沿线在有可控的开发土地的情况下，进行线路层面的TOD研究才有意义。市域快线及市郊铁路沿线未开发土地居多，因此近年来市域快线及市郊铁路层面的TOD研究实践成为一大热点，这也是新型城镇化背景下中国TOD发展方向之一。有关市域快线及市郊铁路层面的TOD介绍将在本书第三章中详细阐述。

1.3.3 微观层面：轨道站点周边"站城一体化"综合开发

以轨道站点为核心，将轨道交通车站与周边的用地统一规划、设计、统筹建设，促进土地集约化利用，带动城市建设，引导人口集聚，形成枢纽片区，即通常意义上的"站城一体"。

位于香港葵青区青衣岛的青衣站，就是"站城一体化"设计的典型案例。青衣站是香港机场快线与东浦线上的一个铁路站，是青衣岛上唯一一个铁路车站。作为一个居住型的站点，联系着港岛、新界与大屿山的重要交通节点，青衣站周边规划了住宅、学校、运动场、医院等多种功能，服务于岛上近20万居民，同时在地铁核心区开发建设大型商业、公交换乘系统等设施，方便在岛上居民生活娱乐。其中结合青衣站开发的大型购物商场成为区域活力的吸引点，有效弥补了区域内大型商业的缺乏，使得青衣站成为区域中心，而"地铁+物业"的举措既使土地得到集约化利用，又提升了土地开发的商业价值。

总体来说，宏观层面的轨道线网规划与实践、中观层面单条轨道线路的选线及微观层面站点周边"站城一体"综合开发均属于TOD范畴，这是伴随TOD开发实践自然演化形成的结果。

2

国内外典型城市及地区 TOD 发展模式研究

2.1 亚洲典型城市及地区 TOD 发展模式
2.2 中国典型城市 TOD 发展模式
2.3 小结

2 国内外典型城市及地区 TOD 发展模式研究

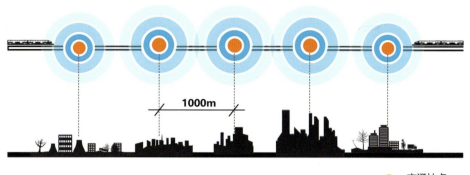

图 2-1 亚洲 TOD 模式示意图
图片来源：作者自绘

随着经济的不断增长，中国大城市面临人口增长、城市规模不断扩大和交通需求不断提升等问题。在此背景下，城市轨道交通与周围土地开发的协调是新型城镇化阶段城市发展的重要问题之一[28]。TOD 发展模式可以有效疏散中心城区过密人口，缓解中心城区压力[29]。

TOD 即公交导向型的研究，最早起源于美国，在应用方面却是亚洲的城市及地区比如香港、新加坡、东京、深圳等比较成功（图 2-1）。

2.1 亚洲典型城市及地区 TOD 发展模式

2.1.1 东京 TOD 模式研究

1）东京轨道交通发展特征

特征一：国铁与私铁并行发展

日本轨道交通发展于 19 世纪末，起步时便是国铁与私铁并行（图 2-2）。

国铁→枢纽站建设

私铁→郊外沿线整体
　　　郊外新城的建设

特征二：领先一个世纪的"阪急模式"

20 世纪初，阪急电铁创始人小林一三提出的"阪急模式"领先 TOD 理念近一个世纪（图 2-3）。"阪急模式" 主要特征如下：

①在郊外廉价的土地上建设轨道的同时进行商品房的开发。

②在私铁位于城市中心区的终点枢纽站建设百货公司聚集人气增加客流。
③在轨道沿线引入教育机构，或增加大众娱乐设施功能以吸引多样化的人群。
④在轨道沿线进行商业宣传。

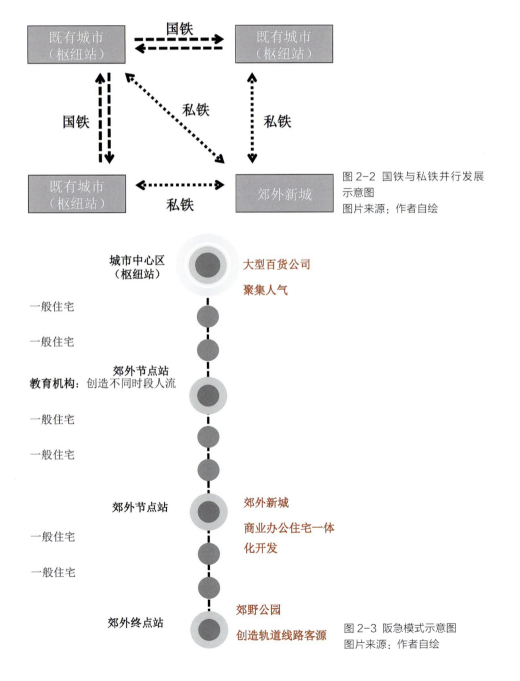

图 2-2 国铁与私铁并行发展示意图
图片来源：作者自绘

图 2-3 阪急模式示意图
图片来源：作者自绘

2）东京轨道交通发展历程（图 2-4）

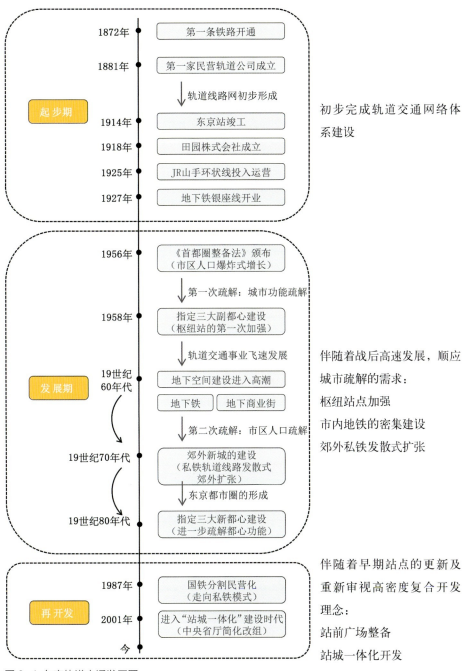

图 2-4 东京轨道交通发展图
图片来源：作者自绘

3）东京 TOD 发展策略

（1）宏观层面：轨道交通建设贯通城市发展

20 世纪初期日本进入近代化国家，轨道线路全面发展，全国各大城市兴建起一批洋风建筑的站房，最具代表性的要数 1914 年竣工的东京站。这一时期站房功能单一，轨道线路也较为稀疏。

东京最初的轨道线路骨架也是在这个时期形成的，1925 年投入运营的山手环状线与现在并无太大差别。新宿站、涩谷站、池袋站等如今的大型枢纽站在当时也只不过是简单的换乘车站。而私铁公司在"阪急模式"的引导下开始了最初的尝试与建设。

简言之，这一时期是日本近代化建设的开端，形成了基本轨道线路骨架和部分轨道线路节点（图 2-5），但无论是路网骨架还是节点，其复杂程度和规模远不能和今天相比。

（2）中观层面：轨道交通激发城市潜能

①枢纽站点的加强——分散城市职能

伴随着经济的高速发展，单核的东京都心部出现了严重的通勤拥堵现象，再加上泡沫经济导致该区域地价飞涨，政府为了平衡都市功能、引导分散发展，采取了一系列措施：

- 1956 年颁布《首都圈整备法》。
- 1958 年指定新宿、涩谷、池袋为三大副都心，且是最为重要的三个副都心。
- 1982 年为了平衡东京整体发展，追加指定了上野浅草、锦系町龟户、大崎三个副都心。
- 1995 年追加了临海副都心。

东京都区部 7 个副都心的建设分别遵循《副都心整备方针》和《临海副都心街区建设推进计划》稳步实施。同时，为了进一步分散东京都区部过于集中的各项机能，周边

图 2-5 东京都市圈主要枢纽站点分布图
图片来源：作者自绘

图 2-6 东京都市圈副都心分布图
图片来源：作者自绘

图 2-7 东京都市圈主要郊外轨道线路分布图
图片来源：作者自绘

区县于 20 世纪 70 年代末至 80 年代初，分别设立了三大新都心（图 2-6）。

- 琦玉市新都心分担了一部分管辖关东区域的政府机构。
- 千叶市幕张新都心吸引了国内外 450 家大型企业及研究机关。
- 横滨市港未来新都心吸引了不少大型企业核心部门的搬迁。

②郊外私铁的扩张——分散市区人流

为了疏解涌向市区的人流，改善城市中心区环境，东京拟建多个郊外新城以提供新的住所，疏解人口。这一时期的地铁体系建设整体沿用小林一三的"阪急模式"（图 2-7），轨道线路与新城同步开发，项目投资主体包括政府、纯私营业主，也有部分公私合营主体。

③市内地铁的密集建设——促进绿色出行

20世纪60年代开始，东京地铁进入全面建设时期。环状线内部的城市核心区主要靠地铁连接，方便市民绿色通行（图2-8）。

同时，这一时期也是地下街的集中兴建时期，据统计，日本80%的地下街都是在这30年间建设完成的。虽然之后地下街的建设一度放缓，但最近20年间人们逐渐意识到立体开发的重要性，开始对地下街进行整备和重建。

【案例】东急电铁的发展——沿线整体开发模式的典范

东急电铁是日本16家私营铁路公司中营业额最高的公司，也是将轨道建设与沿线开发做得最好的公司。到20世纪80年代，东急电铁的线路基本已经建设完毕了，这期间东急集团一边开设新的站点，一边对现有线路进行调整，同时周边的开发建设也在不断完善中（图2-9）。如今，东京西南地区仍然是都市圈炙手可热的人气宜居区域。此外，

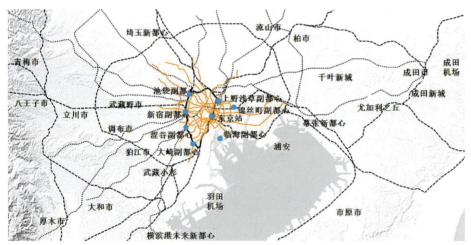

图2-8 东京城市核心区轨道线路分布图
图片来源：作者自绘

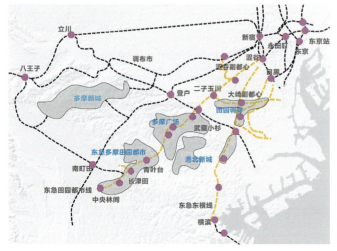

图2-9 东急电铁线路图
图片来源：作者自绘

东急电铁沿线非常注重依据片区性质引导不同密度的开发，即分城市中心区、城市近郊和城市远郊区域，分别采取高密度、中密度和低密度开发的模式。

（3）微观层面：站点建设带动城市活力

①二子玉川站

a. 二子玉川——东京都区远郊站点，以复合型车站连接都市与自然

二子玉川站位于东京西南部，东京都区边缘的世田谷区，周边环境优美，人口众多，城市交通发达。

站点周边土地用途几经转换后，于1982年开始名为"二子玉川RISE"的TOD开发项目，至2015年最终完成。该项目属于中高密度开发，开发强度约为5，物业功能主要为商业、酒店、办公、住宅等。在丰富周边业态的同时，项目注重利用良好的环境资源，通过生态走廊将公园与车站、商业、居住用地串联起来，有效提升了项目整体生态氛围（图2-10、图2-11）。

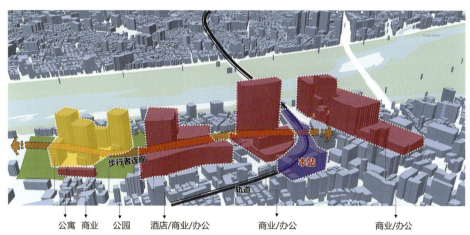

图2-10 二子玉川站周边综合开发示意图
图片来源：作者自绘

图2-11 二子玉川站一体化开发
图片来源：作者自摄

图 2-12 二子玉川站实景图
图片来源：作者自摄

b. 生态廊道与开敞空间为项目注入生机与活力

二子玉川站项目中的"丝带"商业街十分注重景观营造，乘客从车站走向公园时，商业街两边的绿色逐渐增加，将周边环境中充满生机的水系与植被引入建筑中。此外，项目中大量采用了屋顶花园、垂直绿化与中庭广场，步行体验感丰富（图2-12～图2-14）。正如东急电铁·沿线都内开发部的统括部长松冈泰史先生所说，"这是一条只需漫步便可感受到'从城市到自然'这一开发概念的街道"。

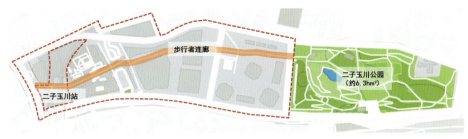

图 2-13 二子玉川站"丝带"商业街连接车站与公园
图片来源：作者自绘

图 2-14 二子玉川站商业街绿化
图片来源：作者自摄

② 涩谷站

a. 涩谷站——东京副都心核心站点，高度整合的"未来之光"

涩谷站位于东京都区涩谷副都心，建成于 1885 年，在 130 多年的发展中汇聚了日本 4 大铁路公司 9 条线路。从 20 世纪 90 年代开始，涩谷站拉开了延续至今的 TOD 改造工程，将办公、酒店、娱乐设施、铁路车站、地铁车站等融为一体，各类交通工具实现无缝快捷换乘，构成了涩谷城市的新活力空间（图 2-15）。

b. 高效、舒适、便捷的换乘系统

涩谷站通过扩大广场面积，增加中央采光井（图 2-16），缩短地铁与地铁、巴士站与地铁站之间的换乘距离，将出租车站点集中到地下，以及增加行李寄存、观光导览等服务，既改善了公共交通乘坐体验，又完善了游客服务设施，为地区旅游文化产业的发展增添了"助推器"（图 2-17、图 2-18）。

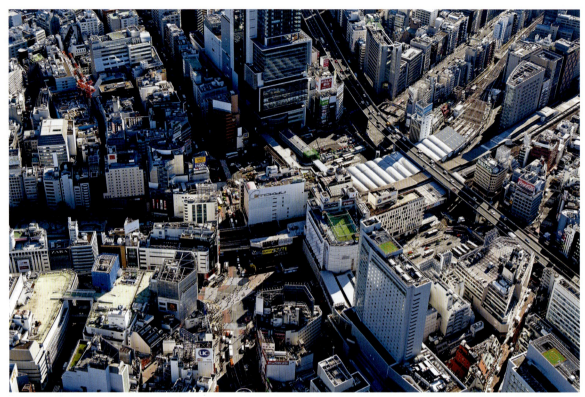

图 2-15 涩谷站城一体化的复合型高密度开发
图片来源：全景网，Yoichi Tsukioka 摄于 2011 年

图 2-16 涩谷站自然通风系统的大型天井
图片来源：全景网，Edmund Sumner 摄于 2009 年

图 2-17 涩谷站换乘
图片来源：全景网，Takuji Woko 摄于 2016 年

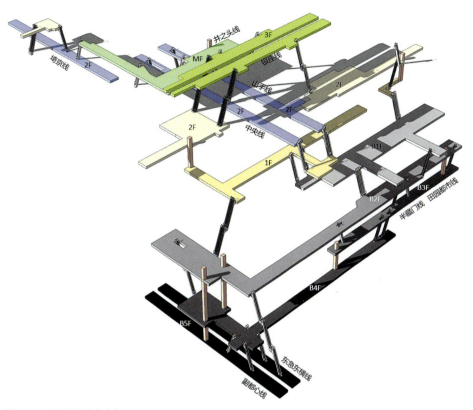

图 2-18 涩谷站垂直空间
图片来源：作者自绘

4）总结借鉴

（1）宏观层面：轨道交通贯通城市发展

日本的城市发展与轨道交通建设密切相关。国土狭长这一特点使得日本的主要大城市刚好沿线状展开，间接促进了轨道交通建设的发展。

初期国铁的建设基本完成了全国范围内的轨道交通骨架，支撑各大城市间的移动。发展期私铁和地铁的全面建设也是依托这一骨架展开的。

日本土地私有，在进行轨道建设和沿线开发时衍生出"土地区划整理"的措施，为今后的同类项目提供了很好的实施依据。

（2）中观层面：轨道交通激发城市潜能

①枢纽站点的加强

高速的无组织发展导致东京最初的中心地价高涨、交通阻塞、城市环境十分恶劣。为了缓解这一状况，政府提出建设副都心、新都心等，以分散东京过于集中的职能。

②郊外私铁的扩张

在发展期，私铁的沿线建设和土地开发趋于完善，较好地分散了市区过于集中的人流。并且基于早年间小林一三的"阪急模式"，私铁的开发甚至在后来反作用于政府层面，一些好的模式被写进法律以得到更好的推广。

③市内地铁的密集建设

东京山手线环线内地铁的密集建设有效地促进了市民的绿色出行。在东京，80%的人选择乘坐公共交通外出，这一成果完全是基于庞大且密集的地铁线路网，以及良好的一体化设计达成的。

（3）微观层面：站点建设带动城市活力

①枢纽站的开发

位于城市中心区的枢纽站点多采用高密度复合开发模式，一方面使站点周边的土地利用率达到最高，开发者的收益率最大，另一方面也为更多的人提供便利。枢纽站开发的特点通常是高密度、多功能、多业态复合、较小的辐射面。

②郊外沿线的整体化开发

日本自有一套郊外沿线的整体开发模式，即"阪急模式"。简单描述就是，在线路位于城市中心区的终点枢纽站建设百货公司以聚集人气增加客流，在沿线郊外廉价的土地上建设轨道的同时进行商品房的开发，于沿线引入教育机构，或增加大众娱乐设施功能以吸引多样化的人群。

私铁的沿线建设是在不断评估和调整中缓慢推进的，以保证寸土寸金的东京在每一块地的开发都能获得最大的收益。

（4）地下开发

近年在站城一体化开发中，为了打造高效繁荣的街区，一度停滞的地下街建设被重新认识。伴随着车站再开发及城市的更新，对地下街的便利性、舒适性、可达性、安全性提出更高的要求。

东京的地下街首先较为集中在枢纽站点周边，为高强度地上地下一体化开发的一个环节。其次地铁站点是开发地下街的一个重要条件，方便乘客快速疏散和换乘，且直接连通周边建筑。

（5）城市慢行系统

东京城市慢行系统整体建设较为完善，市区站点密集，行人在路上有较好的步行体验。

2.1.2 新加坡 TOD 模式研究

新加坡的城市发展形态与交通方式的变迁息息相关。自新加坡 1971 年通过的第一版概念规划奠定了公交导向的总体发展格局以来，新加坡的整个城市框架和格局，就是在 TOD 理念的引导下逐步形成并完善的（图 2-19）。

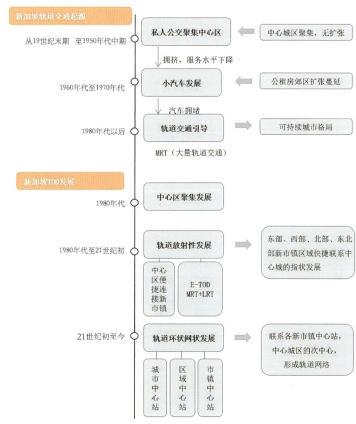

图 2-19 新加坡轨道交通发展历程
图片来源：作者自绘

1）新加坡轨道交通发展历程

新加坡地铁又叫"大众捷运系统"（Mass Rapid Transport，简称"MRT"），开通于 1987 年，是目前世界上最为发达、高效的公共交通系统之一。

新加坡城市发展与放射形轨道交通走廊发展结合，经过多个阶段发展，基本形成了东部、西部、北部、东北部新市镇区域的指状发展模式，并显现出逐步成环成网的整体格局（图 2-20）。

（1）南北线

新加坡最早修建的是南北线，因为南北线穿越的中部地区对公共交通的需求极大。

（2）东西线

东西线连接新加坡东部的巴西立至西部的裕群、裕廊东附近。

（3）东北线

东北线连接新加坡南部的港湾站至东北部的盛港和榜鹅。

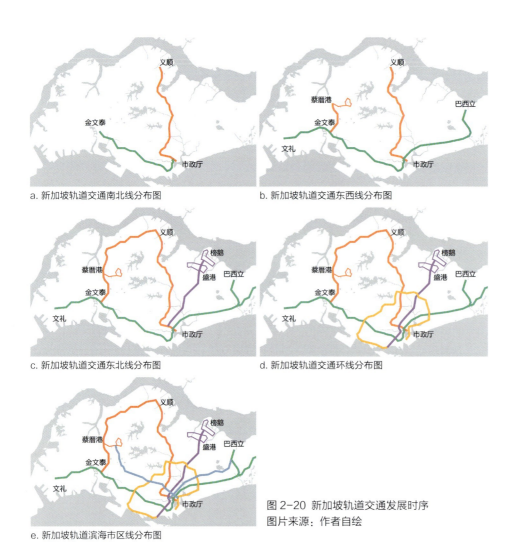

图 2-20 新加坡轨道交通发展时序
图片来源：作者自绘

（4）环线

市中心的多美歌地铁站至南部的东北线终点站港湾站，沿途经过新加坡中部一些交通非常繁忙的地区和行车走廊。2009 年局部通车，2012 年全部通车。

（5）滨海市区线

西北部和东部可以直达中央商务区（CBD）和滨海湾地区，更好地连接居住区、工业区及生活区。是连接新加坡西北部到市中心的主要交通线路。西北连接武吉班让，东北连接樟宜机场。

2）新加坡 TOD 发展策略

（1）宏观层面 TOD 策略：轨道交通引导城市发展

新加坡 TOD 的起源来自对城市郊区化蔓延而引发的交通拥堵问题的反思。它

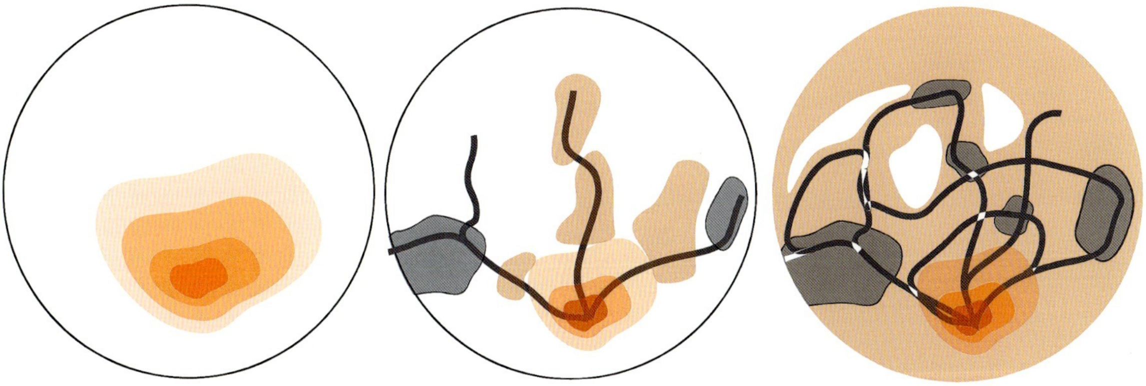

a. 第一阶段发展示意图　　　　b. 第二阶段发展示意图　　　　c. 第三阶段发展示意图

图 2-21 新加坡土地与轨道交通发展模式
图片来源：作者自绘

的发展过程可分为三个阶段（图 2-21）。

第一阶段：围绕城市核心区的私人经营公交服务，无明显扩张

从 19 世纪末到 20 世纪中期，公交服务范围集中在新桥路、南桥路、北桥路和希尔街等高密度的城市核心区。公交服务是由私人公司规划建设的，公共交通服务的聚集和拥堵问题降低了其服务效率，城市形态没有明显的发展及扩张。

第二阶段：以小汽车为导向的郊区化蔓延，城市扩张

20 世纪 60 年代至 70 年代，小汽车的发展为公交服务提供了极有吸引力的替代方案。至 70 年代初，有一半人口依靠小汽车出行，造成了严重的拥堵问题。而早期公共住房规划在原有的城市边缘，呈现出以小汽车为导向的格局。

第三阶段：以轨道交通为骨干网络的公共交通系统，构建可持续的城市形态

20 世纪 80 年代，新加坡政府经过多方论证，最终确定建设以轨道交通为骨干网络的公共交通系统。采用公共交通为导向的发展模式，新城镇中心以及中心城区的高密度组团沿轨道交通线路向东西方向及南北方向分布。

新加坡概念规划中的"公共交通引导城市发展"策略：概念规划引导下，新加坡的城市发展与轨道交通引导密切相关：

1971 年，全岛概念发展规划采用了一个环状结构，在环形上布置了一系列高密度的卫星城来分担南端中央城区的人口压力。以修建新城镇及连接它们的轨道交通为基础。

1991 年，将中央城区的商业服务转到新城的 MRT 中心上。通过完善西部就业中心的住宅设施减少交通需求，达到职住平衡。

2001 年，关注微观层面的管理和设计。在城市中心 MRT 地铁站上方建设混合功能综合体，在较远新城 MRT 站点布置 P+R（Park & Ride，即停车换乘，具体指小汽车换乘停车场及接驳公交车站点），进行便捷的交通接驳。

图 2-22 新加坡三级中心结构示意图
图片来源：作者自绘

2011 年，关注弹性规划设计，考虑为将来的发展预留充足的发展空间，提供更好的生态环境和更便捷的交通接驳。

从城市发展策略上，新加坡几轮概念规划都十分重视轨道交通作用的充分发挥。

新加坡规划初期提出以轨道交通为基础发展新城镇，中期以 MRT 中心功能复合开发引导产居平衡。目前规划的核心理念是以弹性规划预留用地，强调生态环境与轨道的联合促进新加坡的发展。规划更加精细化，更加人性化，更加关注站点周围整个交通系统的运行效率和慢行系统的品质。

"公共交通引导城市发展"策略下，珠链式的轨道交通体系与"城市中心—新城—新市镇—邻里中心"的城市等级体系完美嵌套：

根据职能和规模等级的不同，以放射形的公共交通走廊联系三级中心（城市中心、区域中心及次区域中心）。

在公交走廊沿线进行高密度开发，并在新城镇之间通过绿化带和开放空间进行分隔。轨道交通系统被作为实现分散集中的城市增长模式的工具。

这种空间结构旨在鼓励使用公共交通工具、缓解城市中心的交通堵塞情况，并通过沿公交走廊布局城市增长空间来更好地实现职住平衡（图 2-22）。

轨道交通与土地利用的集成开发引导城市发展：

新加坡轨道站点因其区位特征不同，不同类型的站点对周围用地在功能和布局特征方面的作用也有所差异。新加坡在整个发展过程中，重视轨道交通与土地利用的集合开发，以引导城市发展。[27]

城市中心站点、区域中心站点、市镇中心站点和邻里中心站点的商业和交通用地比例是逐级递减的，而住宅用地比例是逐级递增的[30]（图 2-23）。如在新加坡城市中心站点市政厅站、莱佛士站、滨海湾站等周围进行商业集成开发，在区域中心站点进行综合集成开发，在市镇中心站点和邻里中心站点进行居住集成开发等。

（2）中观层面 TOD 策略：轨道交通激活外围新城镇

①以"分区—社区—城镇"三级 TOD 社区引导外围新市镇发展

为了缓解城市中心的交通堵塞情况，并通过沿公交走廊布局城市增长空间，通过外

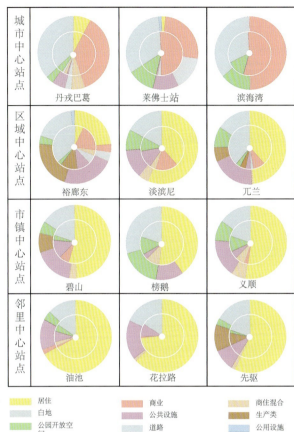

图 2-23 新加坡站点地区用地功能结构圈层布局分析
图片来源：根据任利剑，运迎霞，权海源．基于"节点—场所模型"的城市轨道站点类型及其特征研究——新加坡的实证分析与经验启示 [J]．国际城市规划，2016(1)：109-116 绘制

围新市镇的发展来更好地实现职住平衡。

中观层面，新城镇（区域中心）的发展遵循 TOD 原则。新城镇有三层结构：分区、社区、城镇（图 2-24 ～图 2-26）。

分区：分区是规划的基本单位，通常包含 4 ～ 6 个组屋单元，容纳 500 ～ 1000 户，总人口为 2500 ～ 5000 人，用地 10 ～ 15hm²。社区：几个分区形成一个社区，容纳 3000 ～ 9000 户，总人口为 20000 ～ 30000 人，用地 80 ～ 100hm²。城镇：一个城镇由几个相似的社区组成，容纳 25000 ～ 50000 户，总人口 125000 ～ 250000 人，用地 625hm² 左右。

地铁站位于城镇中心，将城镇与市中心以及其他城镇连接起来。公交车或轻轨提供了城镇内部的交通服务。

高密度、功能混合的城市开发提高了设施的便利性，当地居民无须出城就能满足大部分日常需求。

②捷运（MRT）+ 新市镇（接驳）：E-TOD 的开发模式成为典范示例

新加坡模式也被称为"E-TOD"（Extended TOD）的模式，接驳的工具可以是无人驾驶轻轨（新加坡的 LRT）、PRT（个体交通系统）、BRT（快速公交系统）、APM（自动运输系统）、有轨电车等。其关键是接驳系统的舒适程度、准时性、服务水平与轨道

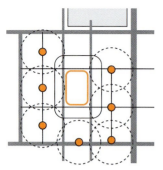

图 2-24 新加坡城镇级 TOD 布局模式
图片来源：作者自绘

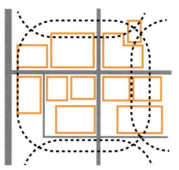

图 2-25 新加坡社区级 TOD 布局模式
图片来源：作者自绘

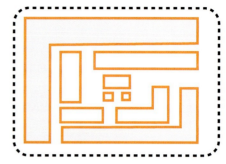

图 2-26 新加坡分区级 TOD 布局模式
图片来源：作者自绘

图 2-27 新加坡淡滨尼区位图
图片来源：作者自绘

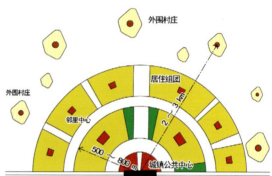

图 2-28 新加坡淡滨尼城镇空间结构模式图
图片来源：作者自绘

的服务水平相匹配程度[31]。

根据运量的大小，新加坡城市轨道系统分为 MRT 和 LRT。MRT 即为城市地铁。

LRT 与国际上钢轮式捷运系统不同，是新加坡综合新镇发展进行设计的轻轨系统。采用的是 AGT（Automatic Guided Transit）全自动、高架、无人驾驶的胶轮式轨道系统。

LRT 与 MRT 相衔接，采用环形结构，主要连接居住组团，目前共有 3 条环形 LRT 线路。

案例：淡滨尼——1.0 版本的 TOD 新市镇

淡滨尼新市镇以居住为主，规划人口为 26.5 万人，年轻人占比较大（图 2-27）。1991 年，新加坡的淡滨尼新市镇荣获联合国授予的"世界最佳人居环境奖"，并获得了"创新和成功的人类居住地"的评价。

新市镇中心以两条 MRT 轨道交通站点为核心布设，周边包含市政厅等公共服务设施，在其周边再结合轨道线位及站点划定邻里，各邻里在规划中划分出了邻里服务中心，以形成灵活的公共服务形式（图 2-28、图 2-29），但同时也存在居住模式过于单一等问题。

案例：榜鹅——2.0 版本的 TOD 新市镇

相较于淡滨尼，榜鹅的城镇规划考虑因素更为全面与多样。

图 2-29 淡滨尼城市用地图
图片来源：根据新加坡市区重建局官方网站 https://www.ura.gov.sg/maps/?service=STB 信息绘制[32]

图 2-30 榜鹅城市用地布局图
图片来源：根据新加坡市区重建局官方网站 https://www.ura.gov.sg/maps/?service=STB 信息绘制[32]

轨道＋交通（城市公交系统）：除在城市中心设置轻运量轨道交通站点外，同时布设两条轻运量轨道交通环线，形成 MRT、LRT 与公交车多种交通接驳的公交系统。

轨道＋生活服务（产业功能）：轨道线网串联：商业、市政厅、公园、远期大学及产业园等功能（图 2-30）。

轨道＋生态（景观生态系统）：轨道交通的设置与慢行系统的规划极大地利用现状自然景观资源，同时在社区组团中心也设置中心绿地。

（3）微观层面 TOD 策略：以站城一体化推动城市更新

案例：丹戎巴葛——城市中心区外围站点

①站城一体化的高密度开发

丹戎巴葛站地处老城区与中央商业区交界处，站点与周围地块由地下通道相连，同时站点也注重与地面城市公园、地上建筑物的连通，站点所在地块开发强度约为 4，地上分布大型商场、酒店、商务办公等商用业态（图 2-31）。

②地上地下一体化

丹戎巴葛站点西北方向为老城区，东北方向为城市中心区，其地下空间主要向东部延伸，基本只作为周边地块间的联系通道，并不大量开发。

同时地块十分重视地上地下的连通性，地铁空间、地上公共空间与商业空间联系良好（图 2-32）。

③开敞空间和慢行系统

地铁站地处中心城区商业区，慢行系统与其搭接良好。穿越车站，有延伸至老城区的绿化廊道，沿街发展的活力界面穿插于地块内的步行廊道（图 2-33）。

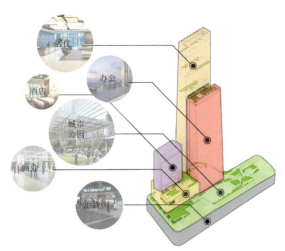

图 2-31 丹戎巴葛地块垂直空间功能分布图
图片来源：根据 http://clermont.
tanjongpagarsingapore.com/p/about-tanjong-
pagar-centre.html 信息绘制[33]

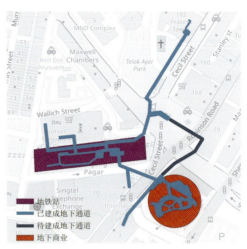

图 2-32 丹戎巴葛地下空间布局
图片来源：作者自绘（底图来源于
openstreetmap.org）

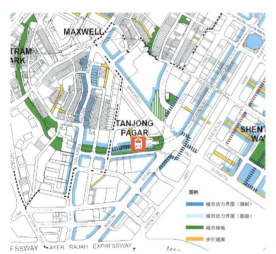

图 2-33 丹戎巴葛城市开敞空间分布
图片来源：根据新加坡市区重建局官方网站
https://www.ura.gov.sg/maps/?service=STB 信息
绘制[32]

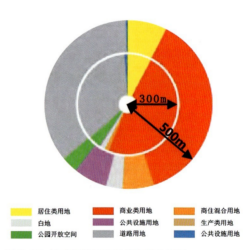

图 2-34 丹戎巴葛周边用地配比分析图
图片来源：作者自绘

④与商务商业区相结合

·由于丹戎巴葛地铁站地处老城区与中央商业区交界处，从等级上来说属于城市中心站；商业占比 30%～50%，公共设施约占 10%，交通道路用地约占 10%，绿地约占 10%。

·除大量商业、商务、办公用地外，也包含儿童照料中心、摊贩市场、邮局等公用设施，以满足老城区居住人群的日常生活。

·慢行系统与商业的结合：丹戎巴葛站点西北侧为老城低密度区（图 2-34），但由于城市更新现在主要用作商业，其慢行空间界面变化多样且极具趣味性，南洋风格浓郁的历史街巷、咖啡店、酒馆，以及从韩国至印尼的风味餐馆构成了步行体验丰富的城市慢行系统。

3）总结借鉴

（1）宏观层面TOD：轨道交通引导城市发展

宏观层面，新加坡国土空间发展与轨道交通建设密切相关。

轨道交通的建设促使人口由中心区向周边土地疏解，随后随着城镇发展与人口密度增加，轨道交通线路由指状衔接成环，土地空间也在原有新市镇的基础上发展成区域中心。由此，新加坡逐渐形成了轨道与城市空间协同发展，以及城市中心—区域中心—区域次中心的层级化空间结构。

在新加坡公交优先的理念下，其规划充分发挥轨道交通在强化城市结构、优化用地布局、解决高密城市问题等方面的积极作用。公交导向性发展为新加坡未来共享、绿色、立体智能发展提供了前瞻性展望。

（2）中观层面TOD：轨道交通激活外围新城镇

中观层面，其轨道交通系统同样与新市镇规划密切相关。

在轨道交通方面，新一代新市镇采取"MTR—LRT—公交车"的多级交通系统，为多种出行模式提供便捷之选；市镇也采取"城镇—社区—分区"的多层级空间结构。轨道交通系统与市镇规划结构紧密对接，并结合市镇现景观生态资源与邻里生活中心，激活新城镇发展，提升城镇空间品质。

我们同时也发现，MRT站点周边的土地采取弹性开发模式：在发展初期，将轨道站点周围的部分用地通过绿地的方式保护起来，待开发时机成熟再建设。

（3）微观层面TOD：站点综合开发带动周围发展

①地上地下一体化开发

新加坡轨道站点与周围地块多为地上地下一体化综合开发，依据不同的站点位置，建造适宜步行的街道网络，并差异化配置相关业态和地下空间具体开发模式。

在以居住为主的远郊新市镇中心（如淡滨尼），土地开发强度中等偏低，站点周边基本没有地下空间的开发，且由于交通负荷较轻，采用地上交通方式解决。

在城市中心区边缘的轨道站（如丹戎巴葛），由于周围基本已开发建设，站点及周边并无过多的地下空间。西北方向为老城区，东北方向为城市中心区，其地下空间主要向东部延伸，同时基本只作为周边地块间的联系通道，并不大量开发。

在城市中心的轨道站点（如市政厅站与莱佛士站），其周围高档酒店、写字楼、会展中心林立，这里的地下空间形成一条长逾500m的地下商业街，连通周边地块及两轨道站点。地下空间与周围用地联系紧密，可达性极高，成为供周边居民使用的最重要的公共空间，也是建筑导向和邻里生活的焦点。

②交通系统：轨道+慢行

新加坡的经验告诉我们，站点的类别、具体的建设条件，以及人口和交通的负荷条件等是确定交通接驳方式和地下空间的规模和连接方式的重要考量因素。在城市轨道交通开发的过程中,"最后一公里"是设计重点,慢行系统的优劣将直接影响出行品质。

结合慢行系统,要特别重视地面层的步行环境设计和应对雨晒的措施,发展立体步行系统。高度关注公共空间的品质,对建筑功能、立面、公共艺术和景观生态系统等精细化设计。强调慢行系统与周围环境品质,以及慢行空间界面的多样化和趣味性,塑造开放、活力的空间系统。

2.2 中国典型城市 TOD 发展模式

2.2.1 香港 TOD 模式研究

香港的城市发展形态与轨道交通的发展息息相关。自 1973 年开始,香港主管部门借助轨道建设带动新市镇开发,建设了包括荃湾、元朗、将军澳等 9 个新市镇。总体来看,香港的 TOD 开发建设可分为三个阶段:"线跟人走"的一、二代新市镇开发,以及"人跟线走"的第三代新市镇开发(图 2–35)。

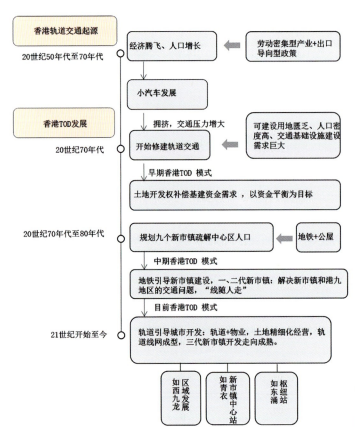

图 2-35 香港 TOD 发展历程
图片来源:作者自绘

1）香港轨道交通发展历程

城市发展与放射形公共交通走廊发展结合，经过长期发展之后，基本形成联系香港岛、九龙、新界、大屿山的公共交通线网，同时逐渐加密香港岛与九龙半岛南部的轨道线网（图2-36）。

城市结构从单中心到多中心转变

20世纪70年代，随着香港经济繁荣和人口的增长，政府规划了九个新市镇以疏解中心城区的人口。地铁和公屋是引导人口向新市镇疏解的重要支撑，促使城市从单中心向多中心结构转变（图2-37）：

- 降低中心区的人口密度及交通需求；
- 活化边缘区的低效用地；
- 促进边缘区与中心区的均衡发展（以轨道交通高效连接）。

阶段一：20世纪70年代前
南北向发展
东铁线
南北向连接香港红磡
和深圳罗湖口岸

阶段二：80年代
东西向发展
荃湾线、轻铁线、观塘线、港岛线东西发展，
荃湾线过海至中环联结香港岛。港岛线是沿港
岛北岸东西发展

阶段三：90年代
大屿山方向
机场快线、东涌线，连接港岛、新界及大屿
山机场

阶段四：2000年以后
代表站点：日出康城、迪士尼

图2-36 香港轨道交通线网发展演变图
图片来源：作者自绘

图 2-37 香港铁路线网建成年代分析
图片来源：作者自绘

2）香港 TOD 发展策略

（1）宏观层面 TOD 策略：轨道交通引导城市发展

主要分为三个阶段（图 2-38）：

第一阶段（1965—1978 年）：探索中的缓慢发展阶段开始反思供给导向。

从 20 世纪 50 年代开始，香港经济经历了三次重大转型，分别是 50 年代初从以渔农为主转变为以转口贸易为主；1950 年后，由于美国对中国内地的禁运封锁，香港的转口贸易停滞，被迫转型。50 年代初至 70 年代末集中力量发展服装等轻工业，大力发展劳动密集型产业，推行出口导向型政策，实现了经济的腾飞。80 年代开始从制造业主导型转向服务业主导型。

其中，50 年代转口贸易发展的产业带动效应有限，本身难以带动香港经济的全面腾飞。而轻工业在 50 年代初至 70 年代末的大发展则推动了香港的全面繁荣，大规模的城市建设也正是在这一时期起步。

随着经济腾飞和人口增长，香港地区人口和车辆的增长速度远远超过了城市道路的增长速度，行车密度越来越高，城市交通压力骤升，迫使香港主管部门将交通运输研究规划提上日程。针对香港的城市环境特点以及交通基础设施建设的大需求，1976 年的第一次综合交通运输研究提出了修建地铁的提议。

第二阶段（1979—1998 年）：转型期的理性扩张——公交优先。

70 年代初香港的私人交通占据道路使用容量的 74%，却只承担了交通出行总量的 25%。香港主管部门认识到香港人口密度高、可建设用地少、工商业活动特征和建成区密度高等特征，确立了"扩大公共交通系统的容量，并改善其运营效率"的发展策略，这是公共交通优先理念第一次明确出现于官方文件。

第三阶段（1999 年至今）：面向未来的精明增长阶段——轨道优先。

轨道交通作为最高效的大运量交通系统，在空间使用上获得相应的优先权，并以轨道交通为核心，各类公共交通之间能够更好地相互协作。

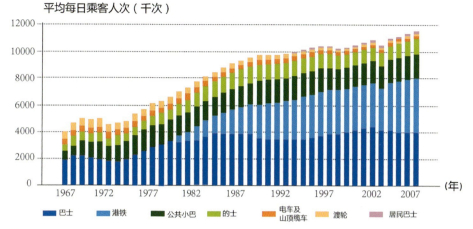

图 2-38 1967—2007 年香港交通方式占比变化分析图
图片来源：作者自绘

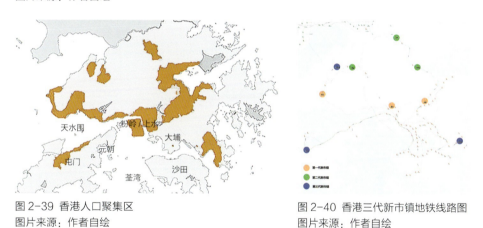

图 2-39 香港人口聚集区
图片来源：作者自绘

图 2-40 香港三代新市镇地铁线路图
图片来源：作者自绘

① "线跟人走"与"人跟线走"（图 2-39、图 2-40）

"线跟人走"：第一、二阶段主要通过东铁、西铁及荃湾线解决新市镇与港九地区之间的交通问题，但轨道的建设是在新市镇开发形成后，具有"线跟人走"的开发特征。

"人跟线走"：第三、四阶段香港特区政府开始着手开发第三代新市镇，包括将军澳、天水围及东涌／大蚝。开发的核心理念是通过轨道建设引导城市开发。

② "轨道＋物业"模式，促进城市集约紧凑发展

因为香港可建设用地稀少、"高密度、高地价"土地政策等客观条件的限制，城市必须集约发展。香港的"轨道＋物业"模式在集约发展中起到了重要作用，促进了城市的紧凑开发。

香港的轨道交通现时网络全长约 230.9km（另加 43km 在建线路），共 93 个车站（另加 68 个轻铁站）。其中 51 个车站（另加 2 个车站在策划中）采用"轨道＋物业"模式。

港铁公司通过成功的项目管理和商业物业策划制度实现轨道交通与物业联动开发，

吸引客流并创造了巨大经济价值，并以此补贴轨道交通建设和运营成本。

通过这一模式，香港的TOD模式促进了城市的紧凑开发，维持了较好的经营利润，成为全球少数能在营运公共交通系统中盈利的公司，是世界极少不再需要依赖政府补贴的轨道交通系统运营商。

（2）中观层面TOD策略：轨道交通结合生态及设施打造宜居新城镇

20世纪80年代初期，香港主管部门开始着手开发第三代新市镇，包括将军澳、天水围及东涌／大蚝。第三代新市镇的开发才是香港新市镇开发走向成熟的标志，这类新市镇开发的成功主要体现在两个方面：一是第三代新市镇由于轨道的存在，在开发之初即具备强大的吸引力；二是规划布局以轨道站点为核心，居民由居住地到达轨道车站的步行时间很短，大幅降低了外围组团与中心区的通行时间。

TOD站点＋景观绿化＋多元功能

【案例】：将军澳——第三代新市镇

将军澳地铁站周边区为未来规划开发的重点区域之一，规划将轨道交通建设与生态景观的塑造、康养娱乐文体设施的建设相结合，力图把将军澳建设成功能多元完善、生态宜居、高效便捷的新市镇（图2-41、图2-42）。

中央大道——一条由地铁将军澳站伸延至新海旁的地面行人专用区，大道两旁设有各种零售设施（露天咖啡店、商店等）。

海滨公园＋市镇广场——优质的园艺设计，是主要社区活动如市集、表演、展览、节庆活动等的新场地，成为将军澳居民最重要的公共活动空间。

文娱区——在将军澳西面门户建设政府综合大楼，包括大会堂、政府办事处、图书馆、

图2-41 将军澳新市镇整体概念图
图片来源：香港特别行政区政府规划署官方网站 https://www.pland.gov.hk/pland_tc/press/publication/nt_pamphlet02/tko_html/concept.html

图2-42 将军澳站点周边土地利用图
图片来源：作者自绘

文娱中心等设施。

中密度发展区——容积率为 2～5，优质住宅，提供综合的零售、餐饮、休闲和娱乐设施，创造出富有生机的海滨地带。

在将军澳规划范围内，所有轨道交通站点均以此为中心开发高密度住宅，而地区中心都设在区内地铁站旁，地铁上盖多为集购物、休闲、娱乐为一体的商业综合体（表 2-1、表 2-2）。

将军澳沿线轨道站点开发情况统计表　　　　表 2-1

站点	地盘面积（hm²）	住宅面积（m²）	商场面积（m²）	写字楼面积（m²）	总面积（m²）	容积率
将军澳	5.55	110925	75514	103130	279569	5.0
调景岭	3.24	236965	16800		253765	7.8
坑口	1.80	138652	3500		142152	7.9
宝琳	32.68	1612800	40000		1652800	5.05
总计	43.27	2099342	135814	103130	2338286	5.4

资料来源：作者自绘

将军澳站物业开发项目　　　　表 2-2

位置	面积（m²）	商铺数目（个）	停车位（个）	服务范围
车站上盖物业	180000	83	50	超市、家居用品、家电以及服饰

资料来源：作者自绘

（3）微观层面 TOD 策略：以站城一体化推动城市更新

香港九龙站、西九龙站和柯士甸站，三线三站地下通过立体化的联动方式带动片区发展（图 2-43）。

香港西九龙站是香港铁路有限公司管辖的客运口岸站，为广深港高速铁路的终点站，也是香港境内的综合交通枢纽之一。西九龙站位于九龙站综合交通枢纽和尖沙咀商业区之间，南侧紧邻西九文化区，占地面积 11hm²，站前广场面积 8900m²，站房总建筑面积 43 万 m²，站场规模为 15 座站台、6 条短途线路、9 条长途线路（图 2-44）。

西九龙西侧为九龙站，是香港机场快线及东涌线的换乘站。九龙站的核心出发点是将机场的功能重新搬回城市，提升香港的国际竞争力。东侧的柯士甸站是西铁线的一座车站，服务于西南九龙一带。

港铁公司公开资料显示，在西九龙站未建成前，虽然柯士甸站在位置上十分接近西面的九龙站，但是并不能实现东涌线与西铁线的直接换乘，乘客需要进出一次付费区才能实现换乘。西九龙站预计步行至九龙站需 8～10 分钟，至柯士甸站只需 2～3 分钟。从西九龙站转乘港铁至香港各地也十分方便。

西九文化区为了凸显山脊轮廓，通过屋顶绿化串联北部绿色空间与滨海空间，以塑

图 2-43 九龙、西九龙、柯士甸站一体化开发覆盖范围图
图片来源：作者自绘

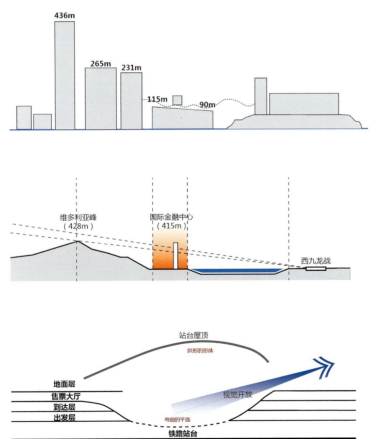

图 2-44 西九龙站立体空间开发控制示意图
图片来源：作者自绘

造市民日常生活空间为目标,创造"多面向"的联系通道,强化交通枢纽地区的"城市功能"属性。为加强与南侧西九文化区及西侧九龙站的联系,规划将西部及南部通过性道路进行下穿处理,以形成更为便捷的步行联通,形成"一座感觉不到在地下"的地下车站。

①与城市轨道交通系统+慢行系统充分结合的道路交通

西九龙站位于从香港国际机场至尖沙咀商业区的必经之路,由于九龙填海工程因环保原因搁置,西九龙至尖沙咀的沿海隧道无法实施,周边道路承担较多过境交通功能,因此,在道路交通规划中,重点考虑了如何解决西北—东南过境交通的问题。规划将西北—东南的过境车流改为局部下穿行,设置专用匝道满足转向需求,减少地面交通流,提高路口通行效率,同时保证西九龙站站前广场与西九文化区的地面连通。

地面公交:将原来位于九龙站的巴士总站调整至西九龙站北侧,共设置 11 条线路的到发站台,并留有 30 辆巴士蓄车区。西九龙站与巴士总站之间设置了连廊和天桥实现连通(图 2-45)。

人流组织:西九龙站深 30m,共分 5 层。地面层可通往西九龙巴士总站,地下一层是售票大厅,地下二层是抵达香港旅客入境层,地下三层是离开香港旅客离境层,地下四层是铁路站台层。抵港和离港旅客可通过垂直交通抵达各层。

西九龙站与车站广场、九龙站及柯士甸站上盖开发之间设置了地下通道、连廊和天桥等多样化的立体人行系统,实现人车分离,方便各种交通模式的换乘,同时配合内向型商业活动,将人流集中在室内降低恶劣天气的影响(图 2-46)。

图 2-45 西九龙站与巴士总站连廊连通
图片来源:作者自摄

图 2-46 西九龙站内部交通流线图
图片来源:根据 AECOM 杨文武 综合交通枢纽发展项目规划设计和实施管理技术信息绘制
(底图来源于 openstreetmap.org)

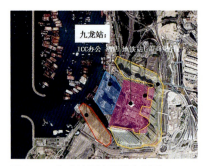

图 2-47 九龙站周边用地布局图
图片来源：作者自绘

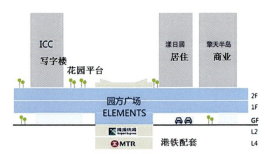

图 2-48 九龙站立体功能布局示意图
图片来源：作者自绘

②与商务商业区物业相结合

圈层式布局物业：站点 500m 半径内包括高尔夫球会、停车场、临近西铁线柯士甸站和高铁站西九龙站；核心区内包括大型商业、写字楼、住宅、酒店、幼儿园、康乐设施。

随着地铁的开发，对周边物业的增值收益日渐显现，物业发展利润在地铁收入中占的比重日益增多。以港铁开发的车站综合体为区域核心，综合体采用三维的立体化城市设计，各类建筑建在交通枢纽核心之上，分类布局，共享同一个基座。

香港地铁与其说是一个运输系统，不如说是一个商业系统。

地铁上盖商业是其主要的操作方式，铁路给乘客带来出行时间上的减少自动转化为地铁上盖和附近物业地租的上升。

物业业态：业态以综合为主导（商、办、住、教育、康乐结合）。

九龙站 200m 以内以酒店、写字楼、商场为主，并配有少量的开放空间，200～500m 内规划以高密度住宅和休憩空间为主（图 2-47、图 2-48）。

步行联系：住宅、写字楼、酒店、社区服务设施等由同楼层的商业购物街、公共空间、平台公园、广场、汽车站以及人行步道系统连为一体。200m 内的建筑通过平台公园联系，200～500m 以内通过人行天桥联系。

交通接驳：不同性质交通组织从垂直向分层和水平向分区两个维度进行，巴士站点藏匿在大楼底下，不影响城市界面的连续性，同时减少噪声和污染。

3）总结借鉴

（1）宏观层面 TOD：轨道交通引导城市发展

香港发展的核心理念是通过轨道建设引导城市开发。香港的轨道交通和公屋是引导人口向新市镇疏解的重要支撑，促使城市从单中心向多中心结构转变。

（2）中观层面 TOD：轨道交通结合生态及设施打造宜居新城镇

由于轨道的存在，新市镇在开发之初即具备强大的吸引力；轨道交通的出现在很大程度上促进了三代新市镇的繁荣，同时缓解了交通的压力，促进了城市的紧凑开发，塑造了良好的公共空间系统。在新市镇布局多样化的物业，既解决职住平衡的问题，又缓解城市中心的人口交通压力。

（3）微观层面 TOD：站点综合开发带动周围发展

①地上地下一体化开发：香港轨道站点与周围地块地上地下一体化综合开发，将商业、住宅、办公楼、公园和公共建筑设置在步行可达的公交站点的范围内，混合多种类型、密度和价格的住房。

②交通系统：轨道＋慢行。建造适宜步行的街道网络，将居民区各建筑连接起来使公共空间成为建筑导向和邻里生活的焦点；保护生态环境和河岸带，留出高质量的公共空间。

（4）总结

香港是"地铁＋物业"开发的模范案例。香港地铁的土地政策在国内很难复制，国内国有建设用地出让仍需走招拍挂的程序。香港的土地价值高，经济发达，地铁上盖开发具有可行性。国内的车辆段上盖开发因为经济发展、市场认知条件等原因，大多只是预留了将来施工基础桩的条件。轨道 TOD 的发展需要政府相应的政策做支撑。

在香港成熟的"轨道＋物业"模式中，港铁公司承担了部分市政府本应承担的城市发展建设职能，统筹考虑土地发展与轨道交通设施整合效益。

2.2.2 深圳 TOD 模式研究

1）深圳轨道交通发展历程

据 2019 年 12 月深圳地铁官网信息显示，深圳地铁已开通运营线路共有 8 条，分别为：1、2、3、4、5、7、9、11 号线。全市地铁运营线路总长 303.44km，构成覆盖深圳市罗湖区、福田区、南山区、宝安区、龙华区、龙岗区 6 个市辖行政区的城市轨道网络（图 2-49）。

深圳地铁第一期：起步阶段

1999 年 4 月，国家批准《深圳地铁一期工程可行性研究报告》，同时批准深圳地铁开工建设。一期工程包括 1 号线的罗湖至香蜜湖段和 4 号线皇岗至少年宫段（图 2-50），全长 14.825km，总投资 79.85 亿元。

2000 年，罗湖和皇岗口岸是深圳两个最大的口岸，两条地铁线路的设置考虑了当时巨大的客流需求。

此时，1 号线和 4 号线构成了深圳最早的"十"字线路，两站交点为会展中心，会展中心周边开启了城市发展建设的高潮。

深圳地铁第二期：快速发展阶段

2006—2011 年，随着深圳地铁二期建设线路全面开通（延长 1、4 号线，新增 2、3、5 号线），形成了"四横三纵"的地铁网络结构，深圳发展的重心也逐渐从罗湖、福田，一路向西发展（图 2-51）。

深圳西南部的前海片区，此时已形成 1 号线与 5 号线的换乘站，深圳的城市发展重点区域已向西部滨海一线迅速推进（图 2-52）。

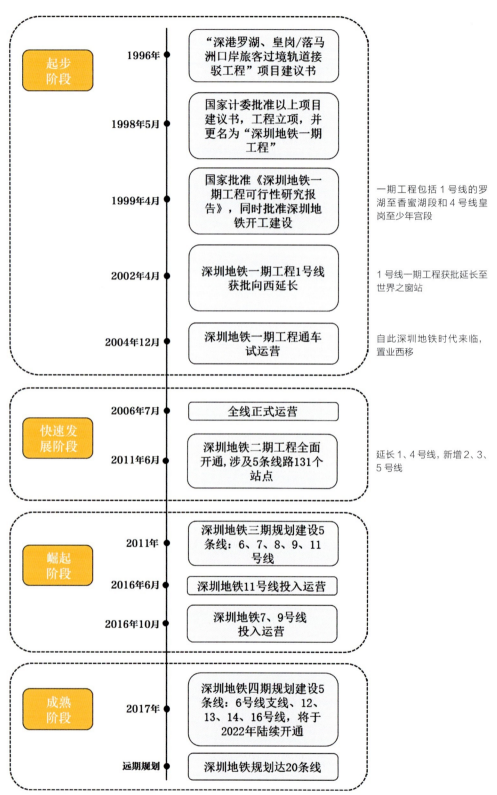

图 2-49 深圳轨道交通发展图
图片来源：作者自绘

2 国内外典型城市及地区 TOD 发展模式研究 | 049

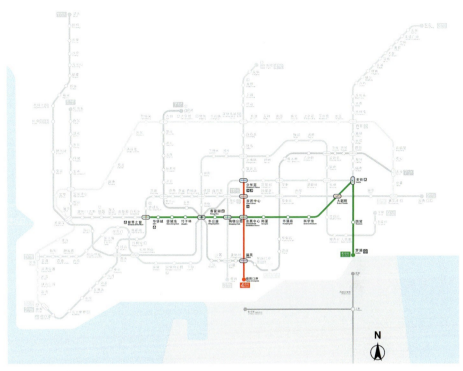

图 2-50 深圳地铁第一期建设线路图
图片来源：根据 www.szmc.net 改绘

图 2-51 深圳地铁第二期建设线路图
图片来源：根据 www.szmc.net 改绘

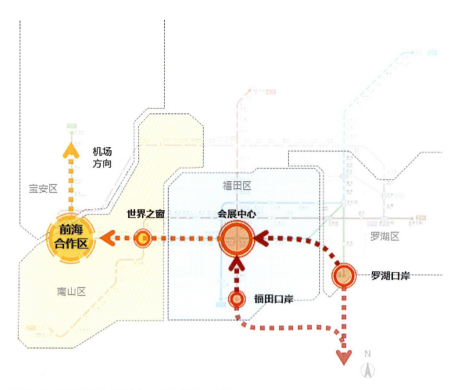

图 2-52 深圳地铁引导中心城区西拓发展示意图
图片来源：作者自绘

深圳地铁第三期：崛起阶段

"四横三纵"的布局之后，深圳地铁的版图逐渐外延，2011—2016 年间，深圳地铁 6、7、8、9、11 号线先后开工建设，其中深圳地铁 7、9、11 号线已于 2016 年开通运营，6、10 号线将于 2020 年开通运营（图 2-53）。

此间总投资约 2500 亿元，深圳市政府在三期全面实行"地铁＋物业"投融资模式，建设投资模式由现金投入改为土地投入，再通过土地资源开发收益偿还企业借款。

深圳市成为我国内地较早引进并实施"地铁＋物业"轨道交通建设运营模式的城市，并从制度保障上为站城一体化开发提供支持。

深圳地铁第四期：未来，成熟阶段

在仅 20 年的发展历程中，深圳地铁发展迅猛。深圳的地铁密度、每日每公里客运量均在全国各主要城市中排名第一（表 2-3）。

2017—2022 年，深圳市轨道四期工程包括 6 号线支线、12、13、14、16 号线共 5 条线路，合计总长度约 148.9km，总投资约 1344.5 亿元。

深圳市于 2012 年完成轨道交通线网规划修编，提出 2012—2040 年线网发展目标及建设规模，规划全市共 20 条城市轨道线路，总长约 753km。《深圳市轨道交通线网规划（2016—2035）》规划远景全市城市轨道共 33 条线路，总长约 1335km（含弹性发展

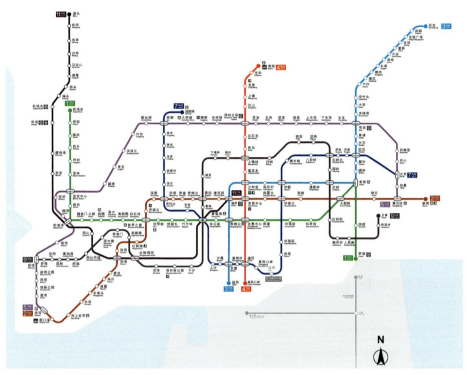

图 2-53 深圳地铁第三期建设线路图
图片来源：根据 www.szmc.net 改绘

线路 112km），其中市域快线 9 条，总长 494.5km，普速线路 24 条，总长 840.5km，形成了城际铁路、市域快线、普速线路三层次的轨道线网体系。

至 2018 年 12 月全国主要城市地铁运营情况对比表   表 2-3

城市	营运里程（km）	营运线路（条）	市域面积（km²）	地铁密度（km/km²）	每日每公里客运量（万人）
上海	670	15	6340	0.106	1.68
北京	617	20	16411	0.038	1.86
广州	474	13	7434	0.064	1.90
深圳	286	8	1997	0.143	2.10
武汉	264	8	8494	0.031	1.38
成都	222	6	14312	0.016	1.77
重庆	215	7	82403	0.003	1.35
南京	176	5	6587	0.027	1.93
天津	167	5	11946	0.014	0.88
郑州	134	5	7446	0.018	0.99

资料来源：作者整理

2）深圳 TOD 发展策略

（1）宏观层面策略：轨道交通促进城市间密切联系

深圳地铁第一条线路在 1996 年研究立项、2004 年通车试运行，由城市中南部出发，一路向城市西北部、东北部拓展。在区域空间关系上，谋求形成地区融合的轨道交通系统；在城市内部，力争协调轨道交通建设与城市空间结构的协调适应，促进轨道交通沿线形成高效的土地利用方式（图 2-54）。

经过多轮规划调整与建设发展，深圳轨道交通系统在宏观层面呈现出对外密切对接联系、对内协同城市结构的发展特征，从三方面得以体现：

①**深圳轨道交通服务口岸、对接港深**

深圳地铁早在 1996 年已着手研究立项，其最初名称为"深港罗湖、皇岗／落马洲口岸旅客过境轨道接驳工程"。2000 年初，罗湖拥有全国最大口岸人员流量，作为深圳最初的城市中心——罗湖地区具有全深圳最为迫切与密集的人群集散需求，彼时的皇岗口岸是深圳货运出入境流量最大的口岸。两处口岸都与香港方向存在着密切的人群往来需求。

可见深圳地铁在谋划之初，就考虑到轨道交通与城市间联系的重要关系。

②**深圳轨道交通立足核心、辐射莞惠**

《深圳市轨道交通线网规划（2016—2035）》依托区域发展协调理念，提出轨道交通系统宏观规划策略：构建功能层次清晰的区域轨道线网，促进都市圈一体化发展。针对都市圈和市域通勤圈不同的尺度要求，构建城际线、市域快线、普速线路多层次轨道交通网络（图 2-55），谋求各层次轨道交通与空间尺度相契合，进而强化深圳区域中心地位、巩固深圳外围中在区域中心的优势地位；并加强深莞惠边界地区轨道布局，构建以轨道交通为主体的区域一体化交通体系。

随着"粤港澳大湾区"城市群的规划发展，深圳轨道交通将在更大空间范畴内发挥"南连北拓"的功能：深圳地铁向西北、东北方向的辐射，带动着城市中心产业转移，将有利于深圳与北部城市东莞、惠州产生更为密切的地区性联系。

深圳轨道交通 10 号线，部分路线落位于北部东莞市辖区内，东莞市在进行轨道交通规划时，也将该段线路纳入自身轨道系统。

地区轨道交通在规划层面互联互通，将有效促进地区交通一体化发展。

③**深圳轨道交通系统内外接洽高效便捷、与城市空间结构相协调**

深圳轨道交通在市内轨道交通规划线网系统层面、单条线路层面，都体现出轨道交通建设与城市空间结构的协调性。

在市内轨道交通规划线网系统方面，《深圳市轨道交通线网规划（2016—2035）》依托城市发展协调理念，提出轨道交通系统宏观规划策略：构建与城市空间相契合的市域快线网络，促进外围中心发展。城市轨道交通系统将以都市核心区为中心，往东、中、西方向串联外围中心，形成"快速 + 普速"的轨道网络布局，引导城市空间结构组团化发展，打造外围城市新中心，并加强原二线关轴向轨道交通布局（图 2-56），缓解市内

2 国内外典型城市及地区 TOD 发展模式研究   053

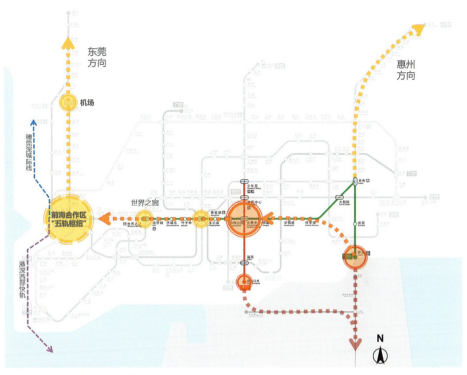

图 2-54 深圳地铁促进深圳市内外联系示意图
图片来源：作者自绘

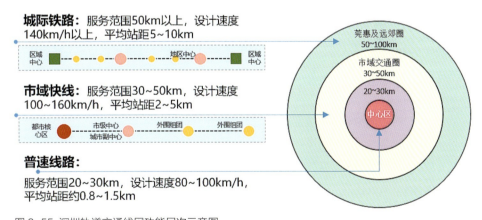

图 2-55 深圳轨道交通线网功能层次示意图
图片来源：根据《深圳市城市轨道交通第四期建设规划调整（2017—2022）环境影响报告书（征求意见稿）》绘制

通勤交通压力。

深圳市主要客流走廊包括：a. 传统的罗湖—福田—南山的东西向城市发展主轴；b. 沿东、中、西对外放射的城市三大发展轴；c. 以前海南山为中心，往龙华—龙岗和光明—东莞方向的两条新增发展轴；d. 莞惠与深圳市各外围中心之间的客运走廊。深圳轨道交

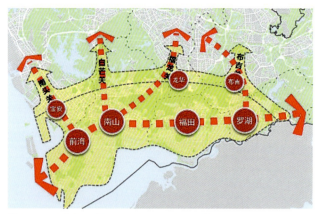

图 2-56 深圳地铁原二线关轴向轨道交通布局示意图
图片来源：深圳市城市轨道交通第四期建设规划调整（2017—2022）环境影响报告书（征求意见稿）

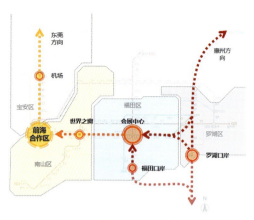

图 2-57 深圳地铁二期发展方向示意图
图片来源：作者自绘

通系统，立足主要客流走廊、联系各城市组团中心，构建形成地区一体化网络。

在单条轨道交通线路建设方面，随着深圳地铁一期工程的开通，深圳市中心区开始随着地铁 1 号线向西扩展。换乘站点会展中心附近，在不到 10 年间迅速发展成长为深圳城市中心的组成部分。深圳轨道交通二期的进一步建设中，于前海湾形成换乘站点，带动前海片区进入城市发展快车道的同时，为深圳市中心城区与西北部的宝安区搭建起便捷的联系通道（图 2-57）。当前，深圳前海位于以上 a.c. 客流走廊交点，规划中前海湾将实现与港深西部快线、穗莞深城际线的换乘，形成"五轨枢纽"，将服务于港、深、莞、穗区域人群快速集散。

（2）中观层面策略：轨道交通与城市新区互促共荣

《深圳市轨道交通线网规划（2016—2035）》依托综合交通协调理念提出：构建以轨道交通为核心的一体化公共交通体系，改善城市交通结构；明确以高密度轨道网络支撑城市高强度开发模式。

随着深圳轨道交通的不断建设，南山区前海湾站已成为地铁 1、5、11 号线的换乘站，并规划于西侧前海湾实现与港深快线、城际线的换乘，形成"五轨枢纽"；以前海合作区为代表的轨道沿线站一体化开发方式也将逐步迈向成熟。

【案例】前海合作区站城一体化开发

深圳前海合作区系经过深圳前海湾填海造地形成的城市新区，规划定位为现代服务业合作区，在规划之初即以节地高效的"站城一体化"为建设目标。规划中分别在前海湾、鲤鱼门、桂湾、新湾、临海、新安等站点展开车站与街区的一体化开发。

在实践中，通过轨道交通协调城市交通与土地利用，先后形成了三大策略，以便"站城一体化"的实现（图 2-58）。

2 国内外典型城市及地区 TOD 发展模式研究 055

图 2-58 深圳前海合作区
站城一体化开发示意图
图片来源：作者自绘

① 用地性质调整为综合发展用地

深圳前海综合交通枢纽和上盖物业地处前海深港现代服务业合作区的启动区，该开发单元在控制导则下，进一步将地块的用地性质由原先的单一性质用地调整为综合发展用地，集合居住、办公及商业等指标。根据不同配比，分为综合发展用地（1）～（5）五类用地，解放土地规划政策对站城一体化的限制[34]。

以《前海深港现代服务业合作区综合规划》《前海中心启动区城市设计》《深圳市轨道交通规划》为基础，编制《前海开发单元规划》，规划彼此间互提条件，相互协调，在保证项目开发符合制度规定的前提下，综合发展用地的提出与确定更是对场地一体化开发形成更深层次的细化与指导。

② 依规分层设立建设用地使用权

车辆段上盖垂直使用权分置：

在深圳前海合作区站城一体化开发的垂直权属分层设置的实践中，1号线南头车辆段上盖物业开发为住宅区，占地 55.2hm²；该车辆段共分为三层：地面层为车辆段用房；二层转换层主要为商业广场、道路、停车场以及设备用房；三层平台为居住区，其综合开发既补充和完善了前海合作区的城市功能，又弥补了车辆段给城市带来阻隔作用。

此外，深圳地铁各条线路均存在大量车辆段上盖开发实践，均为轨道交通上盖开发垂直分层设置使用权属展开了重要探索与实践。

交通枢纽设施垂直使用权分置：

前海综合交通枢纽和上盖物业采取"建筑功能和使用权属分层设置、同步设计、整体供地"的方式（表2-4）。枢纽建筑地下六层，其中上三层为轨道及交通换乘区，下三层为地下车库，设4900多个停车位。上盖开发部分定位为集枢纽立体商业、甲级办公、国际星级酒店及服务式公寓、商务公寓于一体的超级枢纽城市综合体。总建筑面积预估215.9万平方米，其中枢纽地下空间建筑面积88.1万平方米，上盖物业建筑面积约127.8万平方米。

深圳轨道车辆段上盖功能对比表　　　表2-4

车辆段名称	所在地铁线	上盖功能
南头车辆段	1号线	居住、商业、办公、文化、教育
龙华车辆段	4号线	居住、商业
横岗车辆段	3号线	居住、办公、商业
塘朗车辆段	5号线	居住
蛇口西车辆段	2号线	居住
松岗车辆段	11号线	居住、商业
竹子林车辆段	1号线	培训、食堂、职工配套宿舍

资料来源：作者整理

前海综合交通枢纽和上盖物业的开发，通过立体确权，理清地下空间边界关系。多层功能和权属的同步设计开发，成为深圳站城一体化开发中的重要经验。

③注重轨道车站与地块的一体化交通组织

在街坊层面，注重地块的一体化车行交通组织，并以轨道站点为核心，统筹轨道车站内部与地块内部的慢行交通组织。

以前海合作区某街坊为例，该街坊有7家业主，在车行组织方面共用进出口（仅4个对外开口）、共用停车位。在地下空间，此7家业主以一套彼此相通的地下通道系统，与轨道交通站点互联互通。

（3）微观层面策略：整体设计保障站城一体化实施

①设置专用交通接驳层

【案例】前海综合交通枢纽和上盖物业

前海综合交通枢纽由地下5条轨道线路（已运营地铁1、5、11号地铁线，规划穗莞深城际线、深港西部快线）及口岸和公交、出租、旅游大巴等交通接驳场站构成。总用地面积约20hm^2。

枢纽将设置深港过境口岸及公交、出租、社会车辆、旅游巴士等交通接驳场站，通过地下可直接连通周边建筑，实现站城无缝对接。

该地段某概念设计方案中，在地下一层中部设置"丁"字形主要公共商业轴线，并以此轴串联口岸设施、地下出租车接驳设施、地下商业空间、3条轨道交通的换乘空间，在轴线交点即枢纽东侧规划集散广场，形成地下公共空间景观节点；各建筑地块之间，

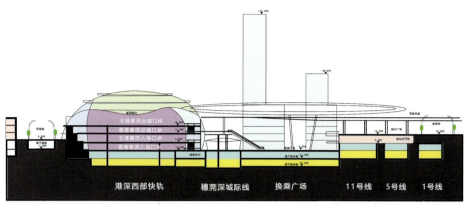

图 2-59 深圳前海综合交通枢纽某概念设计方案换乘大厅剖面图
图片来源：根据《前海交通枢纽综合规划》信息绘制

在地下设置步行通道彼此串联。并在片区外围设置地下市政道路环线，环线西北角外侧挂靠设置地下出租车场站、社会停车场，车辆经地下环路可直通各建筑地块。

②地下空间与上盖物业一体化设计

前海综合交通枢纽某一体化设计方案中，同步完成地下三层至地上标准层的逐层设计与布局，通盘整体考虑片区各层的功能布局、交通流线、各类交通接驳（图 2-59）。

该方案中，枢纽地块以地下一层的换成广场为核心（设计标高 -4m），连接东侧现状 3 条地铁的换乘空间与西侧两线路站点，形成枢纽核心功能；西部为口岸换乘功能区，东部为市内轨道交通与商业区。

枢纽地块西部有地下三层（标高 -18m），该层主要功能为港深西部快轨、穗莞深城际线的站台层，以及地下停车空间。地下二层（标高 -11m）为两线路站厅层和地下停车空间；地下一层至地面三层则为口岸区域。

该方案东部除枢纽换乘功能，则更充分地布局了上盖物业，通过垂直交通实现站城便捷互通。

③方案分期有序实施

前海综合交通枢纽涉及对现有 3 条已建成线路站点的综合改造与上盖开发、对 2 条规划区域联络线路的预留、周边地块一体化开发。

因此，该片区一体化方案实施中，重视枢纽包含的各条轨道建设时序的差异性（图 2-60），划分城市规划建设分期实施范围，配合先期稳定开工的轨道[35]。

④畅顺慢性空间，发挥城市土地效益

《前海深港现代服务业合作区综合规划》于 2013 年为启动区制定了详细的开发单元控制导则，前海综合交通枢纽和上盖物业在其指导下，从道路交通、建筑形态、公共开放空间等方面，为片区形成畅顺的慢行空间保驾护航。

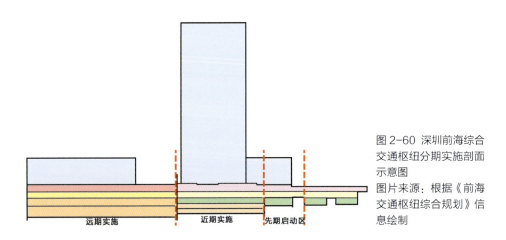

图 2-60 深圳前海综合交通枢纽分期实施剖面示意图
图片来源：根据《前海交通枢纽综合规划》信息绘制

在道路交通方面，该片区导则引导支路网形成"宜人、微循环畅通的小尺度街区"，并对步行网络进一步要求：a. 应建立联系街坊与轨道站点的地下步行网络，需提供至少 8m 宽的地下步行通道，该通道应与轨道站点、地下商业、地面步行网络、地面公共开放空间和主要吸引点建筑相连接，该地下步行网络应至少在地铁运行期间内保持开放；b. 根据道路断面设置人行通道，鼓励建筑以骑楼等形式提供舒适连续的步行通道，共同形成地面步行网络；c. 建议核心区街坊的建筑体相互连接形成连廊，或以天桥的方式，形成跨越道路、连续宜人的地上步行网络。

在建筑形态方面，该片区导则的建筑退线要求"街坊及地块可实行零退线，零退线街坊和地块必须提供骑楼"；骑楼作为岭南地区的特色建筑形式，既为街道提供了适合于人行尺度的商业步行界面，同时适应亚热带海洋性气候的多雨特征。

在公共开放空间方面，该片区导则要求其布局应能满足 5 分钟可达性要求，并建议公共开进空间与地下步行通道出入口相衔接，建议利用建筑裙房屋顶增加公共开放空间。

通过对道路交通、建筑形态、公共开放空间等多方面的规划控制，以建立立体、多层的慢行系统。

3）总结借鉴

（1）宏观层面：轨道交通促进城市间密切联系

深圳轨道交通在 20 年的快速发展历程中，以接驳港深为最初目的，以促进市域范围内新区发展、旧区改善为发展过程，以联系北部莞惠、促进粤港澳大湾区区域协作发展为新时期使命。

深圳轨道交通系统在不断完善的过程中，以内外接洽高效便捷、与城市空间结构相协调为目标，在城市间的接驳联系中、在城市交通结构改善中，扮演着愈发重要的角色。

（2）中观层面：轨道交通与城市新区互促共荣

①用地性质调整为综合发展用地

站城一体化开发地段用地类型被赋予为综合发展用地，以更具弹性的用地指标和控制要求代替单一的城市用地类型，为同一地块的复合功能开发提供制度保障。

②依规分层设立建设用地使用权

通过分层设置用地权属，在轨道交通上盖开发、管理权分配等方面，为我国内地在"轨道站点＋上盖物业"的建设管理方式探索中迈出实践性的一步。

③注重轨道车站与地块的一体化交通组织

站点周边地块多业主之间的场地交通共享、步行空间互通，成为站城一体化建设中贯穿设计、建设、运营管理各环节的重点方面。

（3）微观层面：整体设计保障站城一体化实施

深圳站城一体化的实践中，以交通组织为基础，紧密结合建筑功能，以全局的视角谋划地段开发与建设。

在前海综合交通枢纽和上盖物业案例中，积累了以下三点经验：

①设置专用交通接驳层，与地面交通层分离，为枢纽的密集交通流、客流设置彼此分离、便捷易达的接驳设施。

②地下空间与上盖物业一体化设计，通盘整体考虑片区各层的功能布局、交通流线、各类交通接驳，合理布局垂直交通实现站城便捷互通。

③分期有序实施，结合场地建成轨道交通线路与预留线位，实行分期建设、逐步实施。

④在开发单元控制导则中，从道路交通、建筑形态、公共开放空间等方面进行规划控制，引导街坊与建筑之间形成立体、多层的慢行系统，联通周边各物业、城际线站点的同时，为城市新区提供便捷的公共交通接驳。

2.3 小结

虽然 TOD 理论起源于美国，但是却在东京、新加坡、香港、深圳等亚洲城市及地区取得了较多成功的实践应用。TOD 在这几大亚洲城市及地区的起源、开发理念、发展策略、体制机制等方面具有一定特点。

第一，TOD 在东京、新加坡、香港等地的起源，均是随着社会经济发展和人口增长，小汽车普及，中心城区出现交通拥堵、人口过密等问题，而城市郊区也由于小汽车的发展而出现无序蔓延，由此 TOD 模式顺势而生，一方面顺应了城市中心城区人口和功能疏解的需求，另一方面有效引导城市增长并构建可持续的城市结构形态。TOD 被作为实现分散集中的城市增长模式的工具。

第二，TOD 模式在这几大亚洲城市及地区的实践应用中能够取得成功，与其秉持的城市建设理念不无关系。例如，香港城市建设的核心理念就是通过轨道建设引导城市开发，深圳更是提出了"建轨道就是建城市"的响亮口号。TOD 理念作为城市开发建设的核心指导思想，必然使得 TOD 模式在这些城市能够更好地落地开花。

第三，东京、新加坡、香港、深圳等地均采取了宏观、中观、微观三个层面的发展策略，全方位实现轨道交通引导城市发展。

（1）宏观层面 TOD 策略：轨道线网引导都市圈/城市空间发展

这几大亚洲城市及地区的空间结构与轨道交通建设密切相关，均以轨道交通骨干网络来构建城市空间主体形态。例如，新加坡城市空间发展与放射形轨道交通走廊结合，形成东部、西部、北部、东北部新市镇区域的指状发展模式，后随着轨道交通由指状衔接成环成网，城市空间也在原有结构形态的基础上逐渐形成城市中心—区域中心—区域次中心的层级化网状空间结构，珠链式的轨道交通体系与网状的城市空间格局完美嵌套。再如，香港城市空间发展同样与放射形轨道交通结合，香港岛与西部、北部、西北部的九龙、新界、大屿山等区域建立轨道交通联系，促使城市从单中心向多中心结构转变。

而东京、深圳的轨道线网引导空间发展的效应从城市上升到都市圈层面，形成轨道交通与都市圈空间的契合发展。例如，东京都市圈空间结构的构建依托枢纽节点建设及郊外私铁扩张而形成。再如，深圳轨道交通除了与城市内部空间结构协调外，更强调通过轨道交通促进城市间的密切联系，从最初的接驳港深到联系北部莞惠再到促进粤港澳大湾区协作，轨道线网不断在引导区域间的空间融合。

（2）中观层面 TOD 策略：轨道线路引导城市空间发展方向，促进外围新区的开发

这几大亚洲城市及地区均以轨道线路引导城市空间发展方向，促进外围新区的开发，以疏解城市中心区的人口和功能。在这一过程中，枢纽站点的加强与单条线路的引导相结合。一方面，以轨道线路的扩张延伸来引导，与以往轨道建设在新区形成后，也就是"线跟人走"的开发特征不同；这几大亚洲城市及地区逐渐发展为"人跟线走"，也就是轨道线路建设与新区开发协同甚至轨道线路建设领先于新区开发。另一方面，着力加强枢纽建设，结合新区现有资源与特色，激发地区潜能，塑造生态景观，提升空间品质，完善配套设施，打造功能多元、生态宜居、高效便捷的城市新区，东京都市圈的新宿、涩谷、池袋，新加坡的淡滨尼、榜鹅，香港的将军澳，深圳的前海等新区都是通过这种模式开发建设形成。

（3）微观层面 TOD 策略：站点综合开发带动周围发展

东京的二子玉川站、涩谷站，新加坡的丹戎巴葛，香港的九龙站、西九龙站以及深圳前海综合交通枢纽等是站点及周边综合开发的典型代表，均注重土地混合利用、开发密度适宜、地上地下一体化、慢行交通体系建设、交通接驳、分期实施和弹性开发。

①土地混合利用：商业、商务办公、住宅、公共设施、绿地和开放空间等多种功能和业态有机结合，围绕轨道站点形成圈层式布局。深圳前海综合交通枢纽综合开发中，甚至探索调整用地性质，明确以"综合发展用地"代替单一的城市用地类型，为复合功能开发提供保障。值得注意的是，不同类型的站点土地混合利用方式有所差异，如新加坡轨道站点随着与城市中心距离的增大，站点周围商业和交通用地比例递减，而住宅用地比例递增。

②开发密度适宜：东京、新加坡等地并没有盲目追逐高密度开发，而是因地制宜选

择相适宜的开发密度，如城市中心区的枢纽站点多采用高密度开发模式，而位于城市远郊的一般站点则采用中密度或低密度开发模式。

③地上地下一体化：整体考虑地上与地下空间的功能布局、交通流线等，合理布局垂直交通实现地上地下空间便捷互通。其中，地下空间开发是站点综合开发的一大重点，注重便利性、舒适性、安全性，而且依据不同的站点位置、周边业态等因素，其地下空间的开发内容也不尽相同。如东京、新加坡等地在以居住为主的远郊新区，站点周边基本没有地下空间开发；在城市中心区边缘的轨道站点，地下空间只作为周边地块间的联系通道；而在城市中心的轨道站点，地下空间为高强度地上地下一体化开发的一个环节，除连通周边地块及轨道站点外，还有商业功能，以最大化地利用土地。

④慢行交通体系建设：一方面注重慢行交通系统的运行效率，地下通道、连廊、天桥、骑楼等地上和地下步行网络形成立体、多层的慢行系统，联通周边物业、轨道站点的同时，实现人车分离，方便交通接驳与换乘；另一方面注重慢行交通系统的空间品质，与商业、景观等公共空间紧密结合，进行精细化设计，塑造开放、活力的慢行空间系统。

⑤交通接驳：对不同性质的交通方式进行垂直向分层和水平分区，为枢纽的密集交通流、客流设置彼此分离、便捷易达的接驳方式。

⑥分期实施，弹性开发：如深圳前海综合交通枢纽结合场地建成线路与预留线位，进行分期建设、逐步实施；新加坡在轨道站点开发初期，将其周围部分用地先以绿地的方式保护，待时机成熟再进行开发建设。

第四，东京、新加坡、香港等地均采取了与其政治、经济、社会发展相适应的TOD体制机制发展模式。

（1）东京：国铁与私铁并行发展

东京的TOD开发具有多元化投资建设主体，国铁与私铁并行发展，国铁主要承担枢纽站建设，私铁承担郊外沿线建设。东急电铁是私营铁路公司的典范。私铁的开发甚至在后来反作用于政府层面，得到更好的推广。

（2）新加坡：政府主导，通过总体规划等实行刚性管控

TOD开发由政府投资建设监管，企业仅进行运营。正是由于政府的强力管控及绝对支配，TOD相关理念也容易通过融入总体规划取得法定地位，并通过融入城市设计导则等政府文件成为行政管理依据，从而成为刚性的开发控制条件以得到强制落实。

（3）香港："轨道+物业"模式取得成功

港铁以较低价格从香港特区政府获取站点周边开发权，进而以"轨道+物业"的一体化模式，来补贴轨道交通的投资成本。

香港的"轨道+物业"模式中，港铁承担了部分政府职能，作为规划、建设、运营主体，充当联结政府与市场的媒介。

（4）深圳：较早引进实施"轨道+物业"模式，并予以制度保障支持

深圳是我国内地较早引进并实施"轨道+物业"建设运营模式的城市，并积极探索开发、管理权分配等问题以从制度保障上为站城一体化开发提供支持。

总的来看，TOD 在东京、新加坡、香港等几大亚洲城市及地区的起源基本一致，均是为了疏解城市中心城区的人口和功能并引导城市空间可持续增长。香港、深圳等地把 TOD 理念作为城市开发建设的核心指导思想，促进了 TOD 模式的良好发展。东京、新加坡、香港、深圳等地采取的宏观、中观、微观相结合的 TOD 发展策略具有相似性，可以作为中国内地其他城市发展 TOD 模式的重要经验。但是东京、新加坡、香港等地 TOD 发展背后的体制机制各有特色，中国内地城市也应充分考虑实情，因地制宜，寻求相适应的体制机制为 TOD 发展提供充分的支撑和保障。

3

新型城镇化背景下的
中国 TOD 发展方向探索

3.1 城市及轨道交通的起源与发展
3.2 新型城镇化发展趋势
3.3 TOD 发展方向
3.4 小结

国内以轨道交通为主的 TOD 模式与城市发展、轨道交通建设密切相关，因此研判 TOD 的发展方向，一定要依托大的新型城镇化发展背景，同时要深入研究轨道交通及城市的起源与发展。

3.1 城市及轨道交通的起源与发展

3.1.1 城市的起源及发展

关于城市起源，有防御、宗教等多种说法，而我们的现代经济城市，是从工业革命后才开始形成的。马克思主义认为，城市是生产发展的结果，是社会分工的产物。早在 1776 年，亚当·斯密就在《国富论》一书中阐述了现代经济城市的发展[36]：工业雏形产生后，随着分工的细化，为了提升配合效率，降低运输成本，不同工种聚集起来，形成规模效应，促进经济发展，而经济发展需要场地，城市扩张由此成为必然。这就是城市起源的基本脉络。

城市发展初期的逻辑关系是经济支撑城市，但经济依托人和产业才能产生。而且随着中国进入城镇化后半程，"以人为本"的城市发展理念越来越凸显其重要性（图 3-1）。这是因为主导经济由初期制造类工业逐渐转为知识经济、金融、设计、管理等第三产业占据主导，出现了更大的人才需求，而有品质的城市才更容易吸引人才。因此随着第三产业的发展和知识经济时代的到来，逐渐由初期的以经济为本转为以人为本，以人为核心才能促进经济和城市发展。这也对 TOD 的发展方向提出了要求，旨在为人服务、为人提供更好的居住商业办公环境，践行"以人为本"的城市发展理念的 TOD 模式（图 3-2），才会大有可为。

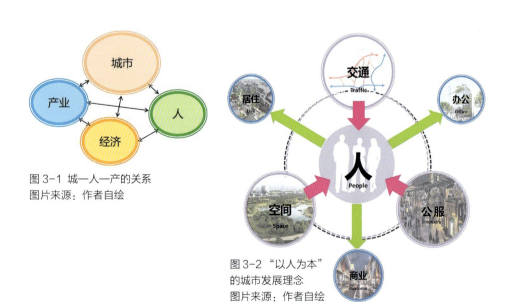

图 3-1 城—人—产的关系
图片来源：作者自绘

图 3-2 "以人为本"的城市发展理念
图片来源：作者自绘

图 3-3 轨道交通的价值
图片来源：作者自绘

3.1.2 轨道交通的起源及发展

世界上第一条地铁于 1863 年诞生在最早的工业城市英国伦敦，亚洲第一条地铁于 1927 年诞生在日本东京。这些城市轨道交通的建设都是为了高效解决城市发展到一定阶段后产生的交通拥堵问题，满足城市扩张后的大运量远距离通行需求。

任何一项基础设施存在和发展的合理性及价值都是通过经济效益和社会效益两方面来体现的（图 3-3）。目前来看国内轨道交通的经济效益尚未真正实现，难以达到投资建设运营平衡，更多是通过带动土地增值、解决城市问题等社会效益来体现其价值。这也对 TOD 的发展方向提出了要求，正如轨道交通同周边土地的综合一体化开发这种能更好地体现经济效益和社会效益的 TOD 模式才能得以良好发展。

3.2 新型城镇化发展趋势

3.2.1 城镇化发展阶段

根据城市人口比重可将城镇化分为初期阶段（0 ~ 30%）、加速阶段（30% ~ 75%，其中 30% ~ 50% 为刚性需求加速期，50% ~ 75% 为弹性需求加速期）和后期阶段（75% 以上）（图 3-4）。目前中国城镇化率约为 60%，处于弹性需求加速阶段，可以说中国已进入城镇化的后半程。

3.2.2 新型城镇化发展态势

（1）空间角度：都市圈和城市群带动的城镇化

中国进入城镇化后半程，城市是聚集发展，还是扩散均衡发展，是以大城市为核心，还是中小城市均布？国家发展改革委于 2019 年 2 月发布的《关于培育发展现代化都市圈的指导意见》对这一问题作出了明确的指示，提出"城市群是新型城镇化的主体形态，是支撑全国经济增长、促进区域协调发展、参与国际竞争合作的重要平台。都市圈是城市群内部以超大、特大城市或辐射带动功能强的大城市为中心、以 1 小时通勤圈为基本

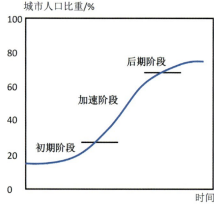

图 3-4 城镇化发展阶段
图片来源：作者自绘

范围的城镇化空间形态"。可以看出新型城镇化支撑城市以都市圈和城市群形式而聚集发展，这也符合前文对城市起源和发展规律的解读，即城市在既有的基础设施支撑下一定是聚集发展，而当外部效应影响其发展的情况下才会扩散。这一政策文件顺经济学规律之势，也与中国城镇化发展趋势相吻合。

长三角、珠三角和京津冀是中国发展前景最好的三大都市圈。长三角和珠三角已形成一定的规模，中心和腹地相辅相成、互补互促。但是京津冀的人口、经济、交通等方面的联系程度，尚处在一个初级发展阶段，中心北京对周边腹地的实质性协同作用不强，未来仍需要依靠北京中心城区向周边辐射一些大节点并由这些节点进一步向外辐射来构建京津冀都市圈。

可以说，城市群和都市圈在今后新型城镇化格局中具有"纲举目张"的独特作用，这也对TOD的发展方向做出了引导。首先，城市以都市圈形式聚集发展，一线城市及周边地区在继续调整结构的基础上进一步集聚，强二线城市也会发力，但部分三、四线城市会有所收缩，因此未来TOD的发展空间一定是存在于一线城市及周边地区、强二线城市；其次，随着人口、产业等向大城市、特大城市及其周边的中小城市和小城镇持续集聚，都市圈能级不断增长，各城市间的联系需求不断加深，轨道交通是实现都市圈各级发展空间协同和联系的关键基础，因此未来都市圈发展势必要建立相关的轨道线路，而TOD一定是在这些轨道线路的建立中寻找相关的发展机会。

（2）发展特点：以人为核心、创新引领、复合驱动、强调品质的城镇化

进入城镇化后半程的中国，城市发展不仅仅在空间发展格局上发生了变化，而且有了一些全新的理念，由原来的"人随产业走"向"人与产业互动性影响转变"（图3-5）。

首先，新型城镇化是以人为核心的城镇化。目前中国城镇化发展到弹性需求加速阶段。与刚性需求加速期不同的是，弹性需求加速期中"以人为本"的城市发展理念愈加重要。这同样符合前文对城市起源和发展规律的解读。在刚性需求加速期，城市扩张并创造出人力需求后就一定会吸引人来。而在弹性需求加速期，城市扩张同样有人才需求，

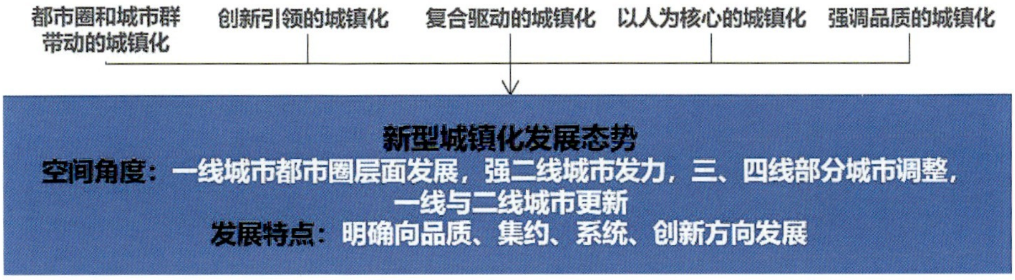

```
都市圈和城市群    创新引领的城镇化    复合驱动的城镇化    以人为核心的城镇化    强调品质的城镇化
带动的城镇化
```

新型城镇化发展态势
空间角度：一线城市都市圈层面发展，强二线城市发力，三、四线部分城市调整，
一线与二线城市更新
发展特点：明确向品质、集约、系统、创新方向发展

图 3-5 新型城镇化发展态势
图片来源：作者自绘

但必须通过营造良好的硬环境和软环境，以人为核心，才能吸引人才，城市也才能实现健康、可持续的良性发展。可以说好的人才吸引是引入产业的重要一环。

其次，新型城镇化是创新引领的城镇化。以科技等为核心的"知识导向"模式正逐步取代以往以土地、人口等要素为主要驱动力的"资源导向"模式，技术创新成为新型城镇化的持续增长源。

再次，新型城镇化是复合驱动的城镇化。中国城镇化总体上逐步向多元因素驱动影响下的复合模式发展。

另外，新型城镇化是强调品质的城镇化。在土地资源约束下，尤其是大城市逐渐由增量外延式开发转向存量提质式更新，强调城市生活和生产的便捷、空间环境品质的提升、地域特色魅力的彰显等方面的高质量发展。

可以看出，新型城镇化背景下，城市发展过程中创新引领、复合驱动、以人为核心、强调品质等趋势愈加明显，由此明确城市必然向品质、集约、系统、创新等方向发展，并一定程度上说明 TOD 模式强调品质、复合、创新才能在未来的城市发展中赢得机会。

3.3 TOD 发展方向

中国城镇化发展进入后半程，在空间角度形成都市圈发展、强二线城市新区建设、城市更新三个主要方向，由此也对未来 TOD 发展方向做出了指引：都市圈发展中的市域快线及市郊铁路建设，强二线城市新区发展中的铁路枢纽片区建设，城市更新中的"站城一体化"建设。同时，系统、集约、复合等新型城镇化发展特点也对 TOD 模式提出系统思维的要求（图 3-6）。

下面将对上述三大 TOD 发展方向分别进行详细阐述。

3.3.1 以 TOD 理念进行都市圈发展中的市域快线及市郊铁路建设

（1）发展背景

近年来，我国高速铁路和城市轨道交通取得快速发展，相比之下市域快线及市郊铁

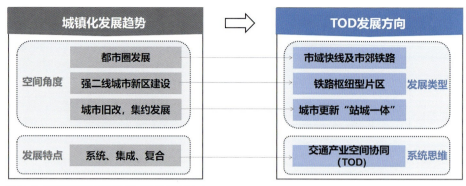

图 3-6 新型城镇化背景下的 TOD 发展方向
图片来源：作者自绘

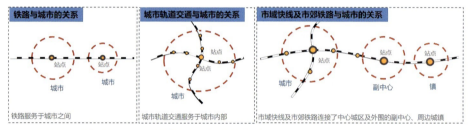

图 3-7 铁路、城市轨道交通、市域快线及市郊铁路对比示意
图片来源：作者自绘

路成为我国交通体系全面发展中的一个短板。但是在新型城镇化背景下，市域快线及市郊铁路在我国迎来发展机遇。

一方面，随着新型城镇化快速推进，都市圈的空间逐步拓展，中心城市的人口、非核心功能和产业需要向周边中小城市疏解。而市域快线及市郊铁路的建设对沿线周边商业、居住、公共服务等开发建设具有较高吸引力，能够实现引导功能在周边中小城市整合和再分配，优化都市圈空间结构。

另一方面，都市圈内中心城市与外围城镇之间联系的紧密程度提高，产生大量通勤需求。高速铁路和城际铁路主要服务于城市之间，城市轨道交通主要服务于城市内部，显然既有"铁路＋城市轨道交通"发展模式已经难以适应新型城镇化的空间发展需求。[37] 而市域快线及市郊铁路在运行速度、辐射范围、服务对象和灵活性等方面更具优势，能够更好地满足都市圈范围内的通勤出行需求（图 3-7）。

因此，市域快线及市郊铁路是支撑都市圈空间结构拓展和通勤出行服务需求的必要轨道方式，是推动都市圈发展的新引擎，将在我国迎来广阔的发展前景，为支撑新型城镇化建设发挥重要作用。

（2）政策支持

市域快线及市郊铁路建设顺应我国新型城镇化发展规律，相关政策文件陆续出台。

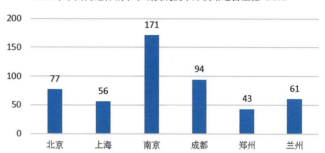

图 3-8 2018 年中国内地各城市市域快线及市郊铁路运营里程
图片来源：作者自绘

2017 年 6 月，国家发展改革委、住房和城乡建设部、交通运输部、国家铁路局、中国铁路总公司共同发布《关于促进市域（郊）铁路发展的指导意见》（发改基础〔2017〕1173 号）。该意见明确了市域（郊）铁路发展的总体要求，提出了加强规划指导、统筹有序发展、创新投融资模式、强化保障措施等，是我国当前市域（郊）铁路发展的顶层设计，对市域（郊）铁路科学发展将起到积极推动作用。

2019 年 2 月，国家发展改革委发布《关于培育发展现代化都市圈的指导意见》（发改规划〔2019〕328 号），明确指出要打造轨道上的都市圈，市域（郊）铁路是都市圈的重要"四网"之一（干线铁路、城际铁路、市域（郊）铁路、城市轨道交通）。

（3）国内发展现状

北京、上海、成都、南京等城市都在积极推动市域快线及市郊铁路建设实践。根据中国城市轨道交通协会发布的《2018 年中国内地城轨交通线路概况》[38] 统计，2018 年南京和成都的市域快轨运营里程排名全国第一、第二（图 3-8）。

就北京市来说，市域快线及市郊铁路是《北京城市总体规划（2016—2035 年）》提出的分圈层交通发展模式中第二圈层（50 ~ 70km）的重要组成部分。2019 年北京提出统筹利用铁路资源，发展市郊铁路，构建符合首都发展需要的区域快线体系。由此北京市郊铁路的发展迈入一个新阶段。截至 2019 年，北京已开通 S1 副中心线、S2 延庆线、S5 怀密线三条市郊铁路，运营里程约 242km（表 3-1）。

北京等中国内地城市市域快线及市郊铁路建设取得了一定发展经验，但仍处在初级发展阶段，与日本、欧洲、美国等发达都市区相比仍有很大差距。首先，我国内地城市地铁运营里程较大，但市域快线及市郊铁路规模体量不足，在目前的综合交通体系中发挥作用有限。其次，市域快线及市郊铁路线网结构也存在明显差距，市域快线及市郊铁路与地铁等的衔接性不足。最后，市域快线及市郊铁路与站点周边用地的耦合度较差，对站点周边带动发展作用不足。总体来说，现有市域快线及市郊铁路的发展不足制约了都市圈人口、产业等要素的自由流动。未来，面对新型城镇化背景下的都市圈一体化，市域快线及市郊铁路仍有广阔的潜在发展空间。

至 2019 年北京已开通的市郊铁路　　表 3-1

线路	运营里程(km)	建设方式	起终点	接驳换乘	功能定位
S1 副中心线	33	利用既有京哈铁路开行	北京西站—通州站	北京西站、北京站可与地铁换乘	主要服务于中心城区与通州城市副中心之间的通勤出行
S2 延庆线	73	利用既有京包铁路开行	黄土店站—延庆站	黄土店站可与地铁霍营站换乘	主要服务于延庆区、昌平区与中心城区的联系以及八达岭等旅游景点
S5 怀密线	136	利用既有京包、京通铁路开行	黄土店站—古北口站	黄土店站可与地铁霍营站换乘	主要服务于怀柔区、密云区与中心城区的联系以及古北口长城等旅游景点

资料来源：作者整理

（4）国外发展经验

东京、伦敦、巴黎、纽约等都市圈范围内均已形成比较完善的市域快线及市郊铁路网络体系（表3-2）。相比之下，我国的市域快线及市郊铁路发展存在明显短板，这几大世界级都市圈的市域快线及市郊铁路在功能定位、规模体量、线网结构形态、接驳换乘、一体化开发等方面的经验值得借鉴。

东京、伦敦、巴黎、纽约等都市圈市域快线及市郊铁路发展经验总结　　表 3-2

	运营里程	客运量	服务范围	线网组成	线网结构形态	线网布局模式	接驳换乘	功能定位	运营模式	一体化开发
东京都市圈	近4500km，占全部轨道交通的81%	客运量占全部轨道交通的66%	20～70km，山手线以外的都市区域	—	山手环线+放射线	市郊铁路基于环线呈放射状，线路不直接穿城，与地铁在中心城区边缘衔接	地铁和市郊铁路在山手环线有机衔接	满足市中心与郊区通勤需求，缓解职住分离问题；构筑合理城市形态；疏解中心城市功能	多元化投融资主体；与土地联动开发以提供建设资金	市郊铁路与土地联动开发带动车站周围、铁路沿线发展成新的节点型城市
伦敦都市圈	约3071km，占全部轨道交通的88%	客运量占全部轨道交通的70%	100km	中心城区内：788km；近郊区（50km）：923km；远郊区（100km）：1360km	放射线	—	32座换乘站与地铁互通，并在某些路段共用线路	连接各方向通往中心的通勤客流，缓解中心区地铁运输压力	公私积极合作，政府为管理主体，企业为运营主体；公共交通一体化票务支付系统	—

续表

	运营里程	客运量	服务范围	线网组成	线网结构形态	线网布局模式	接驳换乘	功能定位	运营模式	一体化开发
巴黎都市圈	近2000km，占全部轨道交通的86%	客运量占全部轨道交通的44%	15～90km	RER：587km，服务于半径15～30km范围；远郊铁路：超1200km，服务于半径30～90km范围	星状+树枝状（RER在城市外围设有较多支线，扩大了覆盖范围）	远郊铁路以市内的5个火车站为终点向外放射，RER以地下线形式穿过中心城区从而连通两端远郊铁路	RER车站共78座，73%的车站可与高铁、城际铁路、市郊铁路、地铁、有轨电车等轨道交通衔接	满足通勤需求；平衡城市布局，分散中心人口，引导城市建设	地铁公司与国有铁路公司分段管理	通过建设RER引导新城发展
纽约都市圈	约1632km，占全部轨道交通的84%	—	20～70km之间的郊区和都市中心区	—	中心枢纽+放射线	市郊铁路主要以中心区的3座枢纽火车站为起点向长岛、纽约北部郊区和新泽西3个方向辐射	市郊铁路与地铁在中心区的铁路枢纽形成衔接换乘	满足通勤需求；调整城市格局	—	—

资料来源：作者整理

首先，这几大都市圈市域快线及市郊铁路的底层逻辑依然是城市和交通发展需求的多种因素造成的，即在城镇化过程中城市规模不断扩大，一方面为了合理引导城市空间扩张，疏解中心城市人口和功能；另一方面也为了满足20～70km范围内即中心城区与郊区的通勤出行需求，缓解职住分离问题。

其次，这几大都市圈的轨道交通系统均以市域快线及市郊铁路为主体，其规模和客运量都远超地铁，运营里程超1000km，占全部轨道交通的80%～90%，客运量占全部轨道交通的60%以上，成为支撑都市圈社会经济发展的主要交通工具。

再次，由于主要承担通勤职能，这几大都市圈市域快线及市郊铁路的主要形态都以放射线为主，同时在外围形成较多支线以扩大辐射范围。但其与中心城区地铁系统的接驳换乘模式有所不同，目前主要形成以巴黎为代表的穿城而过、以东京为代表的在中心城区边缘的环线处衔接（图3-9）、以纽约为代表的在城市中心的铁路枢纽处衔接三种模式。

另外，东京和巴黎两大都市圈在市域快线及市郊铁路的发展中，均注重线路与沿线土地的联动开发，补贴建设资金的同时，也带动了新城新区的发展。

（5）我国市域快线及市郊铁路发展建议

我国市域快线及市郊铁路仍有广阔发展空间，结合现状短板及国外经验，今后市域快线及市郊铁路建设工作应加强以下几点：

图 3-9 东京都市圈市域快线及市郊铁路线路图
图片来源：根据武剑红，沈砾子. 东京都市圈市郊铁路特点及对我国的启示 [J]. 中国铁路，2017(9):13-19 信息绘制

图 3-10 北京典型市郊铁路功能定位对比示意
图片来源：作者自绘
底图来源于《北京城市总体规划（2016—2035）》

第一，提升线路规模体量，强化在轨道交通体系中的作用和地位。我国内地城市市域快线及市郊铁路规模体量严重不足，根据世界级都市圈市郊铁路的发展经验，构建起以市域快线及市郊铁路为主体的轨道交通体系，充分发挥其在轨道交通体系中的作用，强化其地位，以实现对中心城区人口和功能的疏解，满足都市圈各地区的联系需求，并支撑都市圈社会经济发展。

第二，盘活既有铁路资源，优先利用存量。由于高速铁路建设、产业结构调整和城市空间发展，很多铁路枢纽进行了更新改造，随之原有铁路线功能将逐渐弱化甚至闲置，同时也有一些铁路通过优化运输组织提升了运力。因此，应优先利用存量，深入研究利用既有铁路资源的可行性，适当改造，建立市域快线及市郊铁路。

第三，明确线路功能定位，有效引导前期资源投入与后期运营管理。市域快线及市郊铁路的功能主要是满足区域空间的快速联系，包括中心城区与外围城镇的通勤出行、文旅出行等。明确一条市域快线及市郊铁路的功能定位，既要考虑其与城市中心城区的连接点，又要考虑城市外围辐射区域，同时还需结合各个线路自身特点，具体线路具体分析。以北京的市郊铁路为例，新建城际联络线（S6 线）与北京外围空间主要发展廊道契合，未来必将承载大运量的通勤客流。与之相比，已开通的怀密线（S5 线）和研究中的京原线的功能定位完全不同，它们联系了中心城区与外围的一些城镇及部分旅游景点，从而承担少量通勤出行需求及旅游出行需求（图 3-10）。明确线路功能定位，可以有效引导前期相应资源投入及后期线路运营管理，如帮助设置各段列车发车间隔、快慢线等。

第四，加强沿线土地资源梳理，促进线路与土地联动开发。在市域快线及市郊铁路建设过程中，加强沿线土地资源梳理，挖掘土地开发潜力，调整沿线用地构成，提升土地的集约化和多功能化，坚持线路与沿线用地统筹规划开发，能够在优化城市空间结构、调整产业功能布局、疏散中心城区人口、改善郊区开发环境、推动公共服务与商业设施建设等方面发挥积极作用，实现市域快线及市郊铁路沿线交通、产业、空间一体化发展。

第五，选择适宜的市域快线及市郊铁路与地铁系统的接驳模式，提高换乘效率。市域快线及市郊铁路主要以放射线形态从中心城区延伸至外围城镇，实现市域快线及市郊铁路与其他交通方式尤其是中心城区地铁系统的紧密衔接及便捷换乘，才能保证市域快线及市郊铁路具有足够的客流，充分发挥其作用。

根据国外经验，目前主要形成以巴黎为代表的穿城而过、以东京为代表的在中心城区边缘的环线处衔接、以纽约为代表的在城市中心的铁路枢纽处衔接三种市域快线及市郊铁路与中心城区地铁的接驳模式。"穿城而过"与地铁系统换乘衔接节点最多，"在城市中心的铁路枢纽处衔接"也将市域快线及市郊铁路深入市中心并与地铁系统多点衔接，分散了换乘压力，这两种模式适用于中心城区地铁建设尚未成熟的城市，但这对于中心城区地铁建设已成规模的城市来说，建设成本高且实施难度大。相比之下"在中心城区边缘的环线处衔接"成本更低，但这样会形成单点换乘模式从而加剧换乘负担。因此，市郊铁路要深入中心城区内部形成多点换乘，避免截止在外围郊区形成单点换乘，尽量减少换乘次数，提高运行效率，但同时也要综合考虑建设成本和实施可行性等问题，各个城市应因地制宜地选择适宜的市郊铁路与中心城区地铁的衔接模式。另外，市域快线及市郊铁路与中心城区地铁系统在票支付、时间契合、运量匹配等方面也要做好一体化的统筹衔接，提高服务水平和换乘效率。

总的来看，市域快线及市郊铁路是培育和促进形成都市圈的支撑和基础，顺应我国新型城镇化发展规律，成为我国新型城镇化背景下TOD的重要发展方向之一。目前来看，对比东京、伦敦、巴黎、纽约等国际都市圈高密度、大运量、高效率、重开发的市域快线及市郊铁路线网，中国内地城市市域快线及市郊铁路仍处在初级发展阶段，是我国交通体系全面发展中的一个短板，制约了都市圈人口、产业等要素的流动，阻碍了都市圈协同发展进程。我国市域快线及市郊铁路仍有广阔的潜力发展空间，未来其建设应着力提升线路规模体量、优先利用存量资源、明确线路功能定位、促进线路与土地联动开发、提高接驳换乘效率，为支撑新型城镇化中的都市圈建设发挥积极作用。

3.3.2 以TOD理念进行城市新区发展中的铁路枢纽片区建设

（1）发展背景

随着城镇化建设持续推进，中国已进入高铁时代，2019年高铁总里程突破3.5万千米。高铁的迅猛发展，使得客流呈现高端、商务化、高频率等特征，新高铁时代推动铁路枢纽功能和地位发生变化。

宇恒可持续交通研究中心交通规划总监王昊将铁路枢纽发展划分为传统铁路客运站、交通综合体、客站城市综合体、枢纽场所地区四个阶段，指出创造枢纽和周边相邻城市地区相融合的枢纽场所地区是未来铁路枢纽的发展方向[39]。中铁第四勘察设计院集团有限公司副总建筑师盛晖将铁路枢纽发展依据铁路客站与城市关系划分为有站无城、站城分置、依站建城、站城融合四代，指出城市与车站没有界限、车站引入城市其他功能的站城融合模式是未来铁路枢纽的发展方向[40]。可见，第四代铁路枢纽将不仅仅是交通综合体，它与城市的关系越来越受到重视，站城融合、换乘集成、功能复合、场所体验、生态人本等理念在铁路枢纽片区的建设中逐渐得到广泛认同。

因此，以 TOD 理念，依托高铁枢纽集聚的人流、物流、信息流，推进周边片区一体化综合开发建设，促进交通、产业、空间融合发展，打造站城一体的铁路枢纽片区，势在必行且大有可为。

（2）政策支持

2014 年国务院办公厅发布《关于支持铁路建设实施土地综合开发的意见》（国办发〔2014〕37 号），指出实施铁路用地及站场毗邻区域土地综合开发利用是促进新型城镇化发展的有力抓手，提出支持盘活现有铁路用地推动土地综合开发、鼓励新建铁路站场实施土地综合开发等建议。

2018 年国家发展改革委、自然资源部、住房和城乡建设部与中国铁路总公司联合发布《关于推进高铁站周边区域合理开发建设的指导意见》（发改基础〔2018〕514 号），提出要遵循城镇化发展规律，因地制宜、规范有序推进高铁车站周边区域开发建设，不断提升设施服务、产业发展、人口集聚、政策配套等支撑能力，推动高铁建设与城市发展良性互动、有机协调。

以上政策文件对推进以 TOD 理念建设铁路枢纽片区起到重要作用。

（3）发展现状

我国目前的铁路枢纽大多以交通综合体形式存在，如北京南站（图 3-11）等，实现了集成化换乘。但是这种模式存在两大明显问题，一是过度贪求规模尺度，造成使用不便，其实铁路枢纽片区更需要以人为本的精细化设计；二是枢纽与城市功能空间基本隔绝，缺少将枢纽和城市片区统筹的考虑，造成综合配套不完善、人口和产业吸引力弱、可持续发展动力不足等问题。

国外目前的铁路枢纽大多以客站城市综合体形式存在，如日本京都站、柏林中央车站（图 3-12、图 3-13），实现了交通功能和城市服务功能的整合，但建筑综合体仍需与枢纽周边的城市功能和空间发生耦合作用及带动影响，并将 TOD 模式的价值最大化。

（4）发展趋势

我国新型城镇化背景下的新高铁时代，铁路枢纽建设逐渐出现 4.0 模式的苗头，即以铁路枢纽为核心推动周边城市片区综合开发建设，在北京通州副中心站、重庆沙坪坝站、杭州西站、深圳西丽站、台湾高雄新火车站等率先展开实践。这种以 TOD 理念进行的枢纽和城市高度融合的铁路枢纽片区建设是我国大型铁路枢纽的发展趋势与未来常态。

3 新型城镇化背景下的中国 TOD 发展方向探索　075

图 3-11 北京南站
图片来源：全景网，吴玉波摄于 2017 年

图 3-12 日本京都站
图片来源：作者自摄

图 3-13 柏林中央车站
图片来源：全景网，Michael Weber 摄于 2011 年

【案例】北京城市副中心站、重庆沙坪坝站、杭州西站、深圳西丽站、台湾高雄新火车站

北京城市副中心站综合交通枢纽是京津冀都市圈在轨道交通系统上的重要支点,是副中心的重要交通门户,采取了统一规划建设主体、统一规划设计的综合开发模式,打破枢纽孤岛效应,实现枢纽与周边片区一体化。

枢纽与周边区域一体化综合开发:将枢纽和城市实现一体化开发,地下枢纽128万平方米,地上开发139万平方米,交通功能与城市综合服务功能高效耦合,地上形成企业聚集、商业配套、服务完善的总部经济集聚区,打造绿色生态、产城融合的"运河客厅",以枢纽带动区域经济发展并提升城市空间品质。

亚洲最大地下交通枢纽:交通功能设施全部位于地下,共三层,埋深32m。连接M6线、平谷线、M101线三条地铁和京唐城际、城际联络线两条铁路以及S1线一条市郊铁路,立体化布置形成内外交通的高效衔接。通透的共享空间打造绿色生态、阳光立体的怡人换乘环境。

重庆沙坪坝火车站引入站城融合设计理念,实现了高铁站和城市发展的有机融合,带动了枢纽周边片区的开发。

土地出让进行综合开发:沙坪坝站围绕铁路枢纽站场对上盖及毗邻地块进行综合开发,实现了功能复合化、公共空间一体化、投资建设运营平衡。首先,集商务办公、商业、文化、居住、公共服务等多种功能于一身,高铁站场同周边片区开发有机融合;其次,将北侧三峡广场和南侧沙坪公园等公共空间衔接,缝合铁路线对城市的割裂;最后,投资建设资金与收益的平衡,在高铁站场建设融资体制改革方面作出探索。

地下立体交通换乘体系:沙坪坝站向下开挖47m建地下8层的综合交通枢纽,立体分层化布置成功衔接了成渝高铁专线、3条轨道线、公交、出租、社会车辆等多种交通方式,实现了枢纽交通与区域交通多层面高效舒适的无缝对接。

杭州西站也不再仅仅是一个枢纽车站的定位,而是在以站房为核心的$1km^2$范围内,实施高强度、高密度的TOD开发,集合商业、科创、会展、生态湿地等多种功能。

深圳西丽综合交通枢纽地区城市设计方案将割裂的城市空间重新缝合,促进区域产业互联与功能互补,形成工作、娱乐、休闲、生活交织的以人为本的站城枢纽,打造湾区科创交流中枢和国际人才聚集地。

台湾高雄新火车站将下沉广场上方$35000m^2$的绿色树冠构筑物作为统一火车、地铁、公交车、出租车和自行车等不同交通设施的"绿色连接器",同时整合商务办公、酒店、餐饮、零售及其他城市设施和功能,创造出阴凉、绿色生态、开放共享的公共空间,以枢纽带动周边城市片区的可持续发展。

可见,北京城市副中心站、重庆沙坪坝站、杭州西站、深圳西丽站、台湾高雄新火车站等新一代铁路枢纽均超越了交通枢纽定位,而是采取枢纽同周边片区一体化综合开发的方式,协同枢纽自身交通与区域交通,融合枢纽交通功能与周边片区的复合功能,织补枢纽及周边片区割裂的公共空间,平衡投资建设资金与收益。

（5）发展建议

结合北京、深圳、杭州、重庆、台湾等地经验，今后铁路枢纽片区建设工作应加强以下几点。

第一，枢纽自身交通与区域交通协同。铁路枢纽片区是一个更大的枢纽，不同于传统的交通功能集中在车站自身，它的交通组织范围扩大至周边片区，片区内集合了铁路、城际、地铁、城市配套交通设施、城市道路、慢行等多种对内对外交通方式，因此必须注重枢纽自身交通与区域交通的协同，与城市配套交通设施、街道、步行系统积极衔接，尤其是做好铁路与地铁的接驳，高效完成枢纽客流集散，有效减轻区域地面交通压力，强调无缝衔接、全天候、无障碍、零手续、舒适体验，追求多维度的"零感换乘"而非"零距离换乘"。

第二，枢纽与周边区域一体化综合开发。铁路枢纽建设应与周边区域综合开发，将枢纽融入整体环境考虑，通过整合区域用地、混合商贸、商务办公、休闲娱乐、文化展示、居住等多种功能，促进周边产业发展与服务完善，创造站城一体的铁路枢纽片区。这样可以为周边片区发展创造机会与活力、留下人流商机从而减轻交通换乘压力、方便旅客商务出行需求、平衡弥补建设运营成本等方面发挥积极作用。

第三，铁路枢纽片区精准化定位。铁路枢纽片区要结合自身资源禀赋、优势特色来制定发展定位，进而确定功能、产业的内容及规模等，避免形成千站一面、无序竞争的局面。大城市的铁路枢纽片区是区域中功能和交通网络的重要节点，是新的城市发展极；而中小城市的铁路枢纽片区应结合城市职能等，形成专业化、特色化的功能定位。

第四，区域地下空间系统研究并开发利用。统筹地上地下空间，进行区域地下空间系统研究及开发利用，提升集约用地水平。有关地下空间的介绍将在本书第四章中详细阐述。

第五，高品质、人性化公共空间打造。以枢纽建设为契机，为周边城市片区提供高品质、人性化的公共空间，强调绿色生态、文化体验、多元创新、活力共享，与枢纽及周边片区环境紧密衔接，缝合织补由铁路割裂的城市空间，同时又创造全新的以人为本的场所体验。

第六，市场为导向的项目投资及运营策划。我国以单一模式的交通综合体为主，国外以复合模式的城市综合体为主，两者形成此差异的根本原因就在于我国的铁路枢纽较少考虑盈利，而国外的铁路枢纽以市场化方式运作。可以说，投资、建设和运营的一体化是实现功能复合化的根本保障。要建设站城融合的铁路枢纽型片区，就要充分考虑项目投资、建造费用、运营收益等问题。

总的来看，虽然我国目前的铁路枢纽大多以交通综合体形式存在，但是随着城镇化建设持续推进，中国已进入新高铁时代的四代铁路枢纽建设，即基于 TOD 理念依托铁路枢纽推进周边片区一体化综合开发建设，促进交通、产业、空间融合发展，打造站城一体的铁路枢纽片区。未来的铁路枢纽片区建设应重点关注区域交通协同、土地综合开发、精准特色定位、地下空间系统研究、公共空间打造、投资及运营策划等问题。

3.3.3 以TOD理念进行城市更新下的轨道交通站点及周边"站城一体化"建设

（1）发展背景

随着我国城镇化进程推进，在土地资源约束下，大城市逐渐由增量开发转向存量开发，由外延式发展转向内涵提升，进入"存量提质"的城市更新阶段。聚焦到轨道交通，由于前期的快速建设，早期建成的轨道交通站点存在交通服务效率低、空间环境品质差、与周边融合性不足等一系列问题，亟须更新改造。由此，轨道交通站点及周边站城一体化建设成为城市更新的一大重要载体。城市更新背景下推动轨道交通站点及周边站城一体化发展也将成为未来城市TOD的重要发展方向。

以TOD理念进行轨道交通站点及周边站城一体化建设，能够有效提升交通效率、引导土地集约利用、改善空间环境品质、完善配套服务设施、引领产业经济升级，给人们带来全新都市现代生活体验。可以说，以TOD理念进行轨道交通站点及周边站城一体化建设是城市更新的核心引擎。

（2）国内发展现状

在我国与新区开发相比，城市更新下的轨道交通站点及周边站城一体化建设除了要解决空间品质提升和配套设施完善等问题外，更面临着土地资源有限、土地权属复杂、结构性和功能性转型、原有特色继承和保护、各方利益平衡协调、更新速度慢周期长等挑战。因此，目前我国城市更新与TOD模式相结合的真正实践并不多，但近几年内也有优质样本萌生并逐步落地实施。

【案例】上海莘庄TODTOWN

上海莘庄TODTOWN原以居住为主，随着人口的不断聚集，对商业、休闲、娱乐等配套设施的需求逐渐加大，同时由于职住不平衡、交通组织分散而导致整体交通拥堵严重等问题，亟待进行城市更新和交通整治。因此，上海莘庄TODTOWN以TOD理念进行了城市更新下的轨道交通站点及周边"站城一体化"建设。

①交通整治为先导，站点自身交通与区域交通协同

上海莘庄站TOD项目，始终都以解决交通问题为首要出发点，为以TOD理念推动站城一体化建设奠定基础。不仅关注$2.5km^2$枢纽范围内的交通问题，更对$28km^2$的莘庄商圈范围内的交通协同做了充分研究论证，力求做到"区域交通确保系统通畅、外部交通确保安全、内部交通确保品质"。建成后的上海莘庄TODTOWN以原有4条轨道交通为基础，共接入轨道交通1号线、5号线、17号线、沪杭高铁、金山铁路、近20条公交线路。地铁、公交、通勤铁路等多种交通得到有效整合，实现无缝换乘，大大改善了交通拥堵，提高了运行效率。

②土地集约化利用，推动周边地区更新转型

上海莘庄站TOD项目，在极力满足交通功能的同时，充分挖掘枢纽用地价值，高

强度开发和连通用地,将原来被轨道交通割裂的零散地块彻底整合,集办公、商业、文化、教育、居住、休闲于一体,实现土地集约化转型,成为上海西南片区城市副中心的组成部分。可以说上海莘庄 TODTOWN 是融合城市各类功能的容器,也是推动周边地区更新发展的引擎。

③建立联合体机制,协同各专业技术、平衡各方利益

上海莘庄站 TOD 项目中,上海闵行城投、新鸿基地产、上海城开三方共同组建项目公司联合体"上海莘天置业有限公司":上海闵行城投代表区政府,重点关注项目的交通功能、城市功能以及其他公益问题;新鸿基地产具有丰富的 TOD 商业开发经验;上海城开作为国企开发商,充当政府与市场沟通的媒介。

上海莘庄 TODTOWN 是国内城市更新与 TOD 模式结合发展的践行者,它的交通协同整治、土地集约化利用、联合体机制等策略对于改善轨道交通站点及周边地区的环境品质、空间布局、功能提升具有重要示范意义。

(3) 国外发展经验

发达国家的城镇化进程已经进入稳定阶段,城市建设也以更新发展为主,因此其城市更新与 TOD 模式结合的实践更多。

英国伦敦国王十字车站及周边地区经过重新开发,现 27hm^2 的基地内有 50 栋新大楼、20 座历史建筑、1900 户住宅、20 条步行街、10 座公园,保留了历史建筑特色,拓展了商业、办公、文化、居住功能,塑造了充满活力的公共开放空间,成功吸引了时装设计学院及谷歌等公司总部入驻。英国伦敦国王十字车站是周边区域更新的主要抓手。

日本东京在 20 世纪 80 年代后着力推动了城市再生计划,大量的轨道交通枢纽地区被指定为重点再生区域。轨道交通枢纽的 TOD 开发成为引领城市更新的主流趋势,通过导入复合的功能业态、打造舒适的步行网络等手段,推动站点及周边地区在功能定位、交通、公共空间上的协同再生,以重塑片区活力。

可见,伦敦、东京等地均以轨道交通站点改造为触媒,采取复合功能植入、步行网络构建、公共空间打造等策略,推动周边地区交通、空间、产业的全面升级,实现片区复兴。

(4) 我国发展建议

结合国内优质样本实践及国外多年发展经验,今后工作应加强以下几点。

第一,土地集约利用,功能统筹。对轨道交通站点及周边的用地进行整体谋划,通过腾挪及置换,优化用地布局,增加混合度,立体化植入商业、商务、文化、居住、公共服务等多种功能,引导产业更新和配套设施建设,以增强轨道交通站点及周边地区作为公共中心的职能。

第二,构建步行网络,优化步行环境。创建连续、舒适的步行体系既是 TOD 理念实施的重要评价标准,也是城市更新中空间品质提升的基础。首先,应加强步行体系的完整性连续性,通过地面步道、地下通道、天桥、连廊等多种形式,强化轨道交通站点

与周边商业设施、公共开放空间等的连接。其次，应加强步行环境的舒适性，通过增大步行道宽度、完善沿线绿化、增加座椅和标识等人性化设施、丰富沿线公共空间、改善沿街立面等手段，打造步行友好、品质优美、设施齐全、尺度宜人、丰富有趣的步行体系。

第三，加强最后一公里，与自行车、公交等绿色交通接驳换乘。对于自行车接驳，要在轨道站点周边设置机械化、智能化的自行车停车设施，同时保证自行车道的连续、安全；对于公交接驳，应在轨道站点周边设置公交场站，并在两者间建立全天候、无障碍、短距离、标识明显的换乘通道，提升轨道与公交系统的一体化建设和运营水平。

第四，保护文化特色和风貌特征，强化片区意象和记忆。站点及周边地区的更新改造中要避免大拆大建后造成的千城一面，而要通过保留原始肌理、保护重点特色建筑、延续街区风貌、传承生活方式等，保存原有人文环境，提升片区的识别性。

第五，政府主导，建立联合体工作机制及利益共享机制。城市更新与TOD模式结合发展面临复杂的环境和多元的利益关系，必须由政府统筹主导，积极牵头策划、协调、推进、监管，优先确保城市发展和公共利益；相关政府部门、各设计方、专家顾问、开发商等共同建立联合体式的项目统筹平台，既发挥政府主导作用整体协调推进，又利用市场力量提升专业性和商业价值；加强公众参与，建立利益共享机制，协调平衡政府、开发商、居民等多方利益。

第六，制订分期实施计划，动态演进式开发。城市更新与TOD模式结合发展，时间跨度长，不是蓝图式而是一个逐步演进的开发过程，需要制订动态的实施计划。

总的来看，随着我国城镇化进程推进，城市建设进入"存量提质"的更新阶段，轨道交通站点及周边站城一体化建设成为城市更新的核心引擎和重要载体，但同时也是一大难点，面临着机制环境复杂和利益关系多元等诸多困难和挑战。结合国内外优秀经验，今后轨道交通站点及周边站城一体化建设应强调土地集约利用、步行环境连续舒适、与绿色交通无缝接驳、人文特色凸显、政府主导建立联合体工作机制及利益共享机制、动态演进开发实施。

3.4 小结

中国已进入城镇化的后半程，新型城镇化是都市圈和城市群带动、以人为核心、创新引领、复合驱动、强调品质的城镇化，由此明确一线城市都市圈层面发展、强二线城市新区发力、一线二线城市更新等发展态势，并具有品质、集约、系统、创新等发展特点，这对未来TOD发展方向做出了指引。

第一，以TOD理念进行都市圈发展中的市域快线及市郊铁路建设是培育和促进形成都市圈的支撑和基础，顺应我国新型城镇化发展规律。但目前来看，市域快线及市郊铁路是我国交通体系全面发展中的一个短板，仍有广阔的潜力发展空间，未来应着力提升线路规模。线路功能定位、沿线土地资源梳理及调整、与城市轨道交通的接驳是市域快线及市郊铁路建设的重点和难点。

第二,以 TOD 理念进行城市新区发展中的铁路枢纽片区建设,促进交通产业空间融合发展及站城一体是我国大型铁路枢纽的发展趋势与未来常态。应重点关注区域交通协同、土地综合开发、精准特色定位、地下空间系统研究、公共空间打造、投资及运营策划等问题。

第三,以 TOD 理念进行建成区轨道交通站点及周边"站城一体化"改造是城市更新的核心引擎和重要载体,但也面临着机制环境复杂和利益关系多元等诸多困难和挑战。应重点关注土地集约利用、步行环境连续舒适、与绿色交通无缝接驳、人文特色凸显、政府主导建立联合体工作机制及利益共享机制、动态演进开发实施等。

4

站城一体化（TOD）
发展模式设计策略

4.1 站城一体化（TOD）设计主要策略
4.2 站城一体化（TOD）地下空间设计
4.3 站城一体化（TOD）慢行交通系统设计
4.4 站城一体化（TOD）发展模式主要制约因素

4.1 站城一体化（TOD）设计主要策略

4.1.1 站点功能组织

（1）轨道站点的分类依据

国内外专家学者及机构大多根据车站等级、车站所在轨道线路等级、车站与城市的区位关系、区域功能定位、服务范围及服务水平等一项或多项关键影响因子对轨道站点类型进行划分，具体站点分类及典型特征详见表4-1。

国内外TOD站点典型分类相关信息统计一览表　　　　表4-1

提出者	分类依据	站点类型	典型特点
彼得·卡尔索普	车站等级	城市TOD	直接坐落在公共交通网络的主干线上
		邻里TOD	位于地区性辅助公共交通线路上，到达主要交通线路不超过3英里（约4800m）
迪特马尔和奥兰德《新交通城市：TOD的最佳实践》[41]	区域功能	城市中心区型	①土地混合利用（主要办公中心、区域娱乐中心、多户住房、零售） ②高通达性，辐射交通系统中的枢纽
		城市近郊区型	①土地混合利用（居住、零售、B级商业） ②中通达性，连接城市中心
		郊区中心型	①土地混合利用（主要办公中心、区域娱乐中心、多户住房、零售） ②高通达性，连接城市中心，次区域枢纽
		郊区边缘型	①土地混合利用（居住、街区、零售、本地办公） ②中等通达性，连接郊区与城市中心
		邻接公交区型	①土地混合利用（居住、街区、零售） ②低通达性，连接任一中心
		通勤小镇中心型	①土地混合利用（零售中心、居住中心） ②低通达性，连接城市中心
美国非营利性组织《站区规划：如何做TOD社区》[42]	社区功能	中心型	以商业活动和综合办公等为核心功能，辅以居住功能，具有明确的向心性
		区域型	以居住为主，商业活动为居住提供服务，区内开发强度相对均匀
		走廊型	包含上述两种类型，沿交通线布局并相互连接的多核心结构

续表

提出者	分类依据	站点类型	典型特点
住房和城乡建设部《城市轨道沿线地区规划设计导则》[43]	轨道线路等级、轨道站点用地功能、交通服务范围及服务水平	枢纽站	依托高铁站等大型对外交通设施设置的轨道站点，是城市内外交通转换的重要节点，也是城镇群范围内以公共交通支撑和引导城市发展的重要节点，鼓励结合区域级及市级商业商务服务中心进行规划
		中心站	承担城市级中心或副中心功能的轨道站点，原则上为多条轨道交通线路的交汇站
		组团站	承担组团级公共服务中心功能的轨道站点，为多条轨道交通线路交汇站或轨道交通与城市公交枢纽的重要换乘节点
		特殊控制站	指位于历史街区、风景名胜、生态敏感区等特殊区域，应采取特殊控制要求的站点
		端头站	指轨道交通线路的起终点站，应根据实际需要结合车辆段、公交枢纽等功能设置，并可作为城市郊区型社区的公共服务中心和公共交通换乘中心
		一般站	指上述站点以外的轨道站点
成都市	站点周边城市功能与服务范围、对产业园区和特色镇的支撑作用、在轨道网络中的通达条件等	城市型	位于总体规划中确定的城市主中心、综合型副中心及城市综合交通枢纽
		片区级站	位于各区（市）县的城市主中心或次中心，以及现代服务业、先进制造业园区的综合服务中心；站点所在区域的服务半径 3~5km，服务面积 30~50km^2
		组团级站	位于社区公共服务中心或特色镇中心，以及农业类型产业园区的综合服务中心；站点所在区域的服务半径 2~3km，服务面积 10~15km^2
		一般站	除以上的其他站点
深圳市	站点所处区位及规模	城市型	位于城市各级综合活动中心，并直接在城市公共交通网络干线上，是城市的公共活动凝聚点
		社区型	位于社区公共活动中心，并与周围其他居住区和城市中心有良好联系，在城市公共交通网络干线或辅助线路上
		特殊型	位于特定功能的公共活动中心，如依托城市机场等大型综合交通枢纽发展的枢纽型 TOD 等

资料来源：作者自绘

（2）站城一体化（TOD）观点下的轨道站点类型

① 城市中心型

位于城市各级综合活动中心，是城市的公共活动凝聚点。站点周边往往布局城市中央商务区等高密度开发区，或承担着地区级公共服务中心职能，具有大量的人群往来。站点直接在城市公共交通网络干线上，承担城市重要交通节点功能。

② 社区中心型

位于社区公共活动中心，站点周边地块承担着社区级公共服务职能。站点外围往往布局集中的居住用地，站点与周边用地具有便捷的慢行或公共交通联系，承担社区人群往来的功能。站点在城市公共交通网络干线或辅助线路上，与周围其他居住区和城市中心有良好联系。

③ 特殊职能型

位于特定功能的公共活动中心，如依托城市机场、大铁站点等大型综合交通枢纽发展的枢纽型 TOD 等，又如依托会展中心、旅游景点、风景名胜区等城市特殊功能地段，具有主要功能指向的轨道交通站点。

城市中心型轨道站点

区位：城市各级综合活动中心，直接布局在城市公共交通网络干线上，是城市的公共活动凝聚点。

交通资源：承担城市重要交通节点功能，面对巨大人群流量；往往承担多种交通的便捷换乘需求；应提供高品质、便捷性的慢行系统。

公共服务资源：城市级或地区级文体活动中心、商业服务中心、商业步行街区等。

空间配置需求：交通空间比重适当提高，公共环境品质要求较高；周边商业、商务、文化活动空间配置较为充分。

案例：新加坡淡滨尼站

淡滨尼新市镇中心以两条 MRT 轨道交通站点为核心布设，周边包含市政厅等公服设施，在其周边再结合轨道线位及站点划定邻里，各邻里在规划中划分出了邻里服务中心。形成"新市镇中心－邻里服务中心"的灵活公共服务形式（图 4-1）。

社区中心型轨道站点

区位：位于社区公共活动中心，并与周围其他居住区和城市中心有良好联系，在城市公共交通网络干线或辅助线路上。

交通资源：承担社区交通节点功能，提倡与周边地区联系便捷的循环小巴、慢行交通接驳。

公共服务资源：社区级文体活动中心、商业服务网点。

空间配置需求：提供一定品质的公共环境资源，沿街商业设施，居住区。

案例：香港东铁线沙田站

沙田站是东铁线途经站，周边原为农田和近郊住宅，在香港新城镇规划带动下随着电气化铁路的开通，依托内地与港岛客流迅速繁荣起来。沙田站发源于新城镇建设的社

图 4-1 新加坡淡滨尼站周边用地布局
图片来源：根据新加坡市区重建局官方网站（https://www.ura.gov.sg/maps/?service=STB）信息绘制

图 4-2 新加坡博览中心地铁站周边用地布局
图片来源：作者自绘

区接驳与服务职能，在东铁线带来的大量过境客流的基础上成长为超越社区级站点的职能。

周边用地布局：沙田站周边以高密度商业和住宅为主要形式，通过连廊与周边地块物业相连。外围另布局有沙田大会堂、香港文化博物馆等文化和艺术设施。

周边接驳交通：沙田站与新城市广场通过二层的贯通大平台相连，与周边地块之间均有连廊拓展客流步行范围；新城市广场地面层是公交场站、站点东北侧布局循环巴士接驳站点；商业空间助力地铁站点，实现与周边的密切联系。

特殊职能型轨道站点

区位：位于特定功能的公共活动中心，如依托城市机场、大铁站点等大型综合交通枢纽发展的枢纽型 TOD 等，又如依托会展中心、旅游景点、风景名胜区等。

交通资源：承担特定功能的接驳交通；宜人的慢行系统。

公共服务资源和空间配置需求：服务于特定功能的设施和空间。

案例：新加坡博览中心地铁站

周边用地布局：博览站周边 1km 范围内，分布着商业中心、商务园区、专业院校、物流园区、工业园区、居住区。博览站周边 1～2km 范围，分布着商务办公区、居住与生活配套区、绿色开放空间（图 4-2）。

周边接驳交通：配备 3 条高速、6 条公交线路、2 个计程车上下站、2200 个车位，形成多种形式的以参展、组展为中心的接驳系统。

4.1.2 空间整合设计

站城空间的概念是由站域空间演化而来，以往的车站往往是作为单体的形式独立于

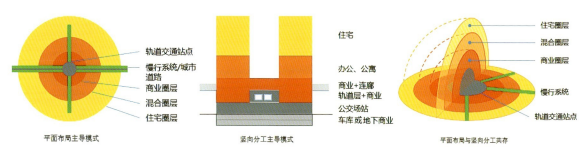

图 4-3 站城一体化的空间整合利用模式图
图片来源：作者自绘

城市建筑之外，车站孤立的现象较明显，与周围的城市功能也无法发挥紧密的联动作用。而站城空间的含义是随着车站与周围建筑、商业、市政景观等结合越来越紧密，车站已不再是单独的个体。车站从一般的独立的出入口形式转变为上盖物业结合式，随着功能的丰富，渐渐开始变成连接周围建筑的通道连廊式，而对于枢纽型车站，则更易成为网络整合式车站。

随着轨道交通站点与周边地块的联动关系愈发密切，站城一体化空间整合的价值愈发体现。

站城一体化观念下，空间整合设计着眼于以轨道站点为核心梳理形成系统的空间组织模式，推动社区、生活空间重塑升级。轨道交通站点的空间整合设计策略可总体从平面空间布局、竖向垂直分工两种视角上展开讨论。

从典型的 TOD 实践研究中总结，目前新加坡的站城一体化开发，主要以平面空间布局为抓手，站点周边的城市用地呈圈层状向外围扩展，并以循环巴士和绿色慢行体系增加地块与站点的联系；香港站城一体化开发则更多体现出"轨道＋物业"的高效与便捷，是竖向空间垂直分工的体现，协同地下通道、架空连廊与循环巴士接驳；日本的站城一体化开发，则融合了平面空间布局、竖向垂直分工两者的优势，与国家土地政策与都市计划紧密结合，最大限度提升轨道交通站点的用地效率与便捷程度。

以深圳为代表的我国内地主要城市在站城一体化开发中，着重开展轨道站点周边平面空间布局的实践探索，并已开始进行竖向垂直分工方面的探索。

未来的站城一体化（TOD）设计，在空间整合上将进一步结合平面空间布局、竖向垂直分工的优势（图 4-3）。

在平面用地布局上，引导城市轨道交通站点周边地段形成高效、便捷的城市土地利用方式，并建立相邻地块之间、临近建筑之间紧密联系与合作共荣的运营思路。

在竖向垂直分工中，引导城市轨道交通上盖建筑形成分层赋权、功能集合的轨道交通综合体。

（1）平面空间布局——站点与周边地块的空间整合

①各类用地类型的匹配

轨道交通站点作为城市人群吸引极，人群聚集效应带来的不仅仅是人群的高效集散需求，同时促发着产业的集聚、商业的繁荣。站点周边将形成集交通集散、商业零售、商务办公、休闲娱乐、居住等功能于一体的片区。因此周边地段的用地类型、建筑类型则应与产业职能形成相互匹配的关系，将有利于片区繁荣，激发街区活力。周边用地类型的丰富多样，也将有利于引导密集的人群分散进入各地块内，在一定程度上缓解站点周边地区交通集散的压力。

在新城开发中，考虑在站点周边设置混合用地，可进一步以指标的形式引导开发建设。并在重点地块中，注重控制预留人群流线。例如，日本东急电铁田园都市线和大井町线站点二子玉川站，为车站、商业、住宅综合体，开发面积达 423154m²，站点乘客数约日均 121000 人次。从轨道交通站点向外围逐层分期开发，站点与一期商业同步开发实现地下空间无缝衔接，进一步预留商业步行街轴线，依次串联站点、二期商业办公和酒店、住宅、绿色开放空间（图4-4）。

在旧城更新中，随着轨道交通站点的开通或升级，周边地块面临的人群流量将增加。

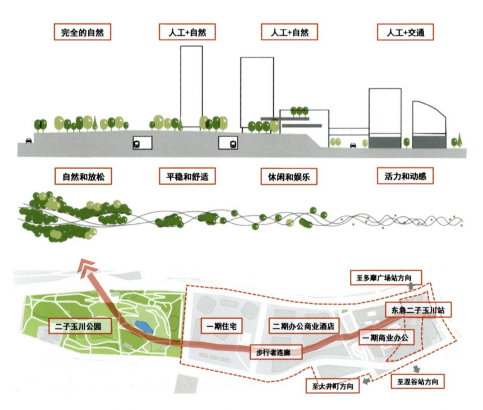

图4-4 二子玉川站从枢纽核心区到外围土地利用和开发理念
图片来源：根据"一览众山小—可持续城市与交通"信息绘制

部分地段本身位于城市建成区，用地紧凑。在既定用地性质的前提下，面对增加的人群，需从建筑空间优化和地块运营管理等多角度实现站点与周边地块的空间整合，有必要实行"一地一策"，从微观层面具体分析。

建筑空间优化方面，在建成区与轨道交通站点的衔接中，短期内可以考虑通过地面、地下、空中连廊等方式实现既有建筑空间与站点的衔接。地下、空中连廊的衔接方式已成为较常见方式，然而建筑地面层的空间优化则成为重点；可通过局部开放建筑底层用于商业，拓展站点周边城市公共空间；亦可适当批准商业外摆，拉近街道与建筑的关系等；拉平、减缓建筑内外地坪高差，引导人群进入周边已经建成地块。在既定用地性质下，建筑功能的弹性使用则成为地块营造的关键，运营管理成为辅助建筑空间优化实施的重点，包含弹性政策获取、地块功能的定位、业态的遴选、环境的统一等方面。

②用地红线的衔接——公共空间的缝合作用

在混合用地的前提下，轨道交通站点"隐身"的设计方式，大量出现在站城一体化设计案例中。在技术层面上，形成了混合用地整体规划设计态势，打破用地红线。此类站城协同区域早已超越单纯"Station Core"（车站核心）的定位，最终目的是形成轨道上盖的"Urban Core"（城市核心）[44]。

例如，日本东急电铁田园都市线的多摩广场站，在从"站城分置"到"站城一体化"的改造过程中，主要解决南北地区发展不均衡的问题。如何把铁路客流转化为商业客流，是东急开发建设的重点任务。车站和商业设施形成一体化，通过检票层与商业设施和广场形成无缝对接。车站是商业的一部分，商业也同时是车站的一部分，在功能和空间上二者紧密结合，站点改造后，形成了以商业为主的混合用地，站点与两侧商业、公寓等建筑功能形成了"车站综合体"，各功能分区之间不存在用地红线的限制。地铁带来的人流进入商业消费，商业带来的人流利用地铁出行，商业和车站形成双赢。通过紧密围绕枢纽的有序商业综合体一体化开发，形成站点与商业设施的无缝衔接，缝合被铁路割裂的南北区域。同时，该案例中，地块红线的衔接同时体现在站点周边多个地块中的交通体系相互连通、整体设计解决。

以"红线"为代表的用地边界的"隐形"，使"站"与"城"无缝衔接。在技术上，建筑形态管控方面往往需要地块给出"零退线"的控制要求；在管理和制度上，往往需要站点周边建筑地块与轨道交通站点实现空间的共享。

例如，紧邻日本东京京桥站的 KYOBASHI EDOGRAND 大厦，是由一栋历史建筑和一栋新建筑构成的集办公、商务、文化功能于一体的综合体。在对历史建筑进行翻新的基础上，将超高层办公抬升，在其下方设置了 6 层贯通的公共空间，地面层保留旧有的步行通道，并通过中庭下方的地下广场实现与地铁站的出站通道的衔接。通过多层公共空间与地下广场，实现了地块与轨道交通站点的无障碍衔接。

综上，在站点与周边地块的空间整合中，最为根本的是从用地布局规划的顶层视角，于轨道交通站点周边，布置多种性质的用地类型，甚至直接布局"多功能用地"，以打破站城一体化设计的制度壁垒。在用地类型已经固定的前提下，则需进一步关注地块与轨道交通站点的便捷衔接；同时，在建筑首层、建筑地下层提供与轨道交通站点衔接的公共空间，也有助于缝合站点与地块建筑的边界。

③各类轨道站点的红线衔接

城市中心型站点

高密度的城市空间中，轨道站点从"标志物"的地位转变为实现多功能联系的"节点"，多出口、多通道成为其重要特点。站点与紧邻站点的商业、办公空间实现紧密结合的同时，应鼓励紧邻地块开通或预留与外围地块的联系通道，将轨道站点带来的活力和人群引导到相对外围地块，可使城市中心地区的重要公共服务设施（如市级文化设施、医疗卫生设施等）实现与站点的进一步便捷联系。

社区中心型站点

社区空间中，通过与社区商业中心、公共空间的衔接，可将轨道站点"隐形"处理；同时需注重在轨道站附近布局便捷的接驳巴士站。轨道站点直连商业空间的地下层或二层，不仅为使用者带来便捷，也为商业中心带来"双首层"的营业效益。而与公共空间衔接的轨道站点，则可将站点出入口结合社区公园、广场等公共空间一体化设计，在交通路径上实现便捷、在景观审美上实现协调；总体上可实现轨道站点"隐形"，并将站点周边的多种功能紧凑而便捷地统一布局，发挥土地效益。

特殊职能型站点

在城市特殊职能中心附近，应考虑轨道站点与职能中心的便捷衔接，并设置与之匹配的特殊配套产业的用地，如会展中心站点周围的商务与住宿设施、文体设施站点周边的餐饮和娱乐设施、综合交通枢纽站点周边的多种换乘空间等。

（2）竖向空间的整合

①上盖开发

轨道交通站点的上层空间利用，有利于提高轨道交通站点的用地效益，有利于在地块内部布置轨道站点，避免时刻沿市政道路两侧修建轨道交通出入口，减少轨道交通客群与地面道路交通车流的冲突。

由于复杂的功能需求和有限的城市空间，此类项目出现较多高强度开发的建筑，同时使用竖向复合叠加城市功能的模式，将地下轨道交通空间、商业空间与地上办公、文化设施、商业设施等功能混合，形成富有城市功能和活动的综合体[44]。目前国内典型的上盖开发项目已经实现了轨道交通站点上盖空间的综合利用，包含酒店、办公楼、商业等，同时加强开发项目与站点之间的步行联系（图4-5）。

②地下空间同步规划设计

地下空间与轨道交通站点的同步规划设计，有利于从规划顶层层面开展站城一体化工作。在适应地方经济的前提下，城市核心地区的轨道交通站点与周边地块的地下空间值得适当开发，以提升地块的效益、快速消解人流，发挥节地、便民等社会效益。

在地下空间的规划设计中，则应进一步依据市场的研判、未来地块功能的定位，确

图 4-5 上盖与地下空间的功能分布和空间关系
图片来源：作者自绘

定地下开发层数、层高，判断与地下轨道交通的接驳方式。

在深圳前海交通枢纽的设计中，同步完成地下三层至地上标准层的逐层设计与布局，通盘整体考虑片区各层的功能布局。枢纽地块以地下一层的换成广场为核心；枢纽地块西部地下二层、三层分别设置东西侧轨道层、社会停车空间。除枢纽换乘功能，更充分地布局了上盖物业，通过垂直交通实现站城便捷互通。

③垂直交通核协同设计

垂直交通核直接贯通轨道交通站点层与其他城市职能层，统一规划设计的垂直交通核将发挥重要的人群集散效应。同时宜根据站城一体化管理需求，在适当楼层设置便捷换乘层、垂直交通转换厅，并且可视情况与建筑首层分离，分散首层人群集散压力。

例如，日本涩谷未来之光内部的垂直交通核直径为 27m，高度约 36m，从地下三层连通到地上四层，形成七层的贯通空间（图 4-6）。不仅连接了建筑内部和地铁站空间，还形成了自然通风体系的重要空间。未来之光大厦设置有商业、剧场、办公等多种功能层，该大厦将地震避难层与空中大堂合设在 11 层，作为办公空间和剧场的换乘大堂。

综上，在混合用地的前提下，轨道交通上盖开发与地块地下空间同步设计成为合理利用地上、地下空间的重要手段，垂直交通核协同设计成为引导空间高效使用、便捷转换的决定性因素。

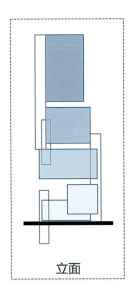 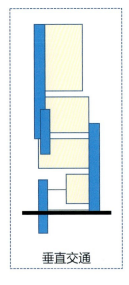

立面　　垂直交通

图 4-6 涩谷未来之光大厦剖面垂直交通关系
图片来源：根据"一览众山小—可持续城市与交通"信息自绘

（3）小结

站城一体化（TOD）发展模式下，"站"往往以轨道站点为研究对象，同时又包含高铁车站、接驳场站、内外部交通等一系列公共交通角色和因素；"城"则以城市设计为代表，包含了建筑设计、公共空间与绿地系统规划设计、路网与慢行系统规划设计、业态布局等多方面用地功能的布局；"一体化"则从立体布局、依托换乘的商机，以建构统筹、配套共享的思路，构建生态智慧的微型城市。

地面空间往往存在大量既有建筑、地面交通、产权分隔等因素的影响，在实际操作中整合难度大、工程落地难。因此，站城一体化（TOD）发展模式下，地下空间与地面限制因素互不干扰，成为沟通"站"与"城"的大平层空间，是空间整合设计中值得重点利用的空间类型。设计者需着眼于最有整合机遇的空间，着重发挥其该类空间设计的一体化统筹协调作用。

以下将在"4.2 站城一体化（TOD）——地下空间"一节中，具体探讨城市地下空间的具体设计策略。

4.1.3 交通组织设计

（1）站点与多种交通类型的接驳

①地面层换乘接驳

枢纽型的轨道交通站点往往人流量密集，交通方式多样。因此，为提升交通接驳效率与交通组织顺畅，站城一体化设计中，在紧凑的空间内安排多种交通类型的便捷换乘，成为交通效率的决定性因素。交通接驳方式多样而便捷、交通接驳空间紧凑而高效,成为交通接驳中关注的重点。

例如,日本东急电铁田园都市线的多摩广场站在对老车站进行提升改造中,实现了无障碍优化,并改造了约1000m²的站前交通广场;地下新建了公交车终点站、出租车停靠站等城市交通基础设施。同时,地块商业开发新增约480台车位的停车场,缓和周边停车问题。通过分层、多样的形式,在仅有1000m²的场地上,配合周边商业开发带来的车位补充,有效改善了站点交通接驳情况。

该案例中站点本身对"广场"功能的界定具体而明确——站前交通广场。因此该广场摒弃景观、城市形象等外在职能,而更清晰抓住核心矛盾——优化交通接驳方式、快速将人群疏解进入车站周边的商业空间,进一步用商业空间为人群提供公共活动场所。不同于国内城市普遍采用大型广场、快速道路疏散的方式,日本城市更偏向于利用高效快捷的集中式交通转换来梳理人流和车流,同时布置集聚型的功能设施和服务空间满足人群的使用要求[44]。

②地下层换乘接驳

深圳前海交通枢纽在地下一层设置交通接驳换乘层,完成多种交通接驳。

如前所述,此概念方案中,考虑到地下交通接驳层与上盖物业的密切衔接,除地下环路联通各地块,客流可通过垂直交通实现站城便捷互通。

(2)慢行交通系统的串联

慢行交通在轨道交通接驳中,独立于车行交通之外,具有"便捷而密集"的特征。从站点到目的地、从站点到其他交通的接驳站均需通过慢行交通实现。慢行交通在线路便捷度和连贯性、沿途功能复合性、环境舒适度和趣味性等方面都表现出价值。

应注重优化轨道车站内部慢行与地块交通组织统筹考虑,并通过地下通道将两类交通组织融合[34]。轨道周边200m范围内的城市综合体立体空间的有序交通组织至关重要,在地下层,构建轨道接驳地下骨干通道与发散通道,优化轨道车站与建筑物间的发散性与连通性;在地面层,完善步行通道网络,作为地下通道的补充和延伸;建筑物之间设置空中连廊;通过立体慢行组织将轨道车站出入口放大至多个,放大轨道资源,实现客流在轨道站与周边地块之间的快速集散,形成地下、地面和地上一体化便捷成网的空间出行通道网络[34]。

通过多层慢行系统的衔接,在连通性上,宜形成立体的慢行体系;在每个层次的慢行空间沿线,都为该层带来密集的人流量,实现地块建筑的"多首层"利用方式。在此基础上,可通过室内、室外、半室外步行空间的结合,形成全天候、全气候可用的慢行系统。

①地面慢行系统接驳

地面慢行系统是利用最为广泛的慢行系统形式,呈现结合商业步行街、建筑骑楼设置的地面慢行系统的形式,或结合城市带状绿地设置地面慢行系统。

新加坡丹戎巴葛地铁站地处中心城区商业区，商业区内慢行系统与商业界面紧密结合；商业活力界面的尽端，设置了延伸至老城区的绿化步行廊道。

深圳前海合作区启动区的开发单元控制导则规定：街坊及地块可实行零退线，零退线街坊和地块必须提供骑楼；公共开放空间布局则需能满足 5 分钟可达性要求，并建议公共开放空间与地下步行通道出入口相衔接；通过对地块建筑与公共开放空间的控制，保障站城一体化开发中地面慢行系统的连续性。

②地下慢行系统接驳

在地块与轨道交通站点不直接相邻的情况下，地下慢行体系有助于将轨道站点与附近地块紧密结合。

例如，上海地铁的中山公园站、静安寺站、五角场站（图 4-7）均与站点周边地块形成整体开发的形式，通过密集的地下通道将站点与周边服务设施、服务设施之间进行便捷联系。

相关研究进一步提出，通过"轨交人流利用率"（出站人流直接进入轨交综合体的人数除以总出站人数的百分比，其在一定程度上反映轨道交通对轨交综合体的活动量的支撑程度）测度轨道交通站点与周边商业服务业设施的紧密程度。

其中五角场站的轨交人流利用率达五成，并且周末与平日的数据在五角场站案例中呈现明显差异（图 4-8）。这说明五角场站站域内综合体的商业、办公、酒店等业态"本身就是目的地"，站城关系紧密[45]。

在更多无法实现混合用地、整体规划设计的案例中，往往通过无障碍天桥等交通设施加强与周边建筑的衔接，有效促进城市客流与铁路客流之间的转换。在这种情况下，则需站点与周边用地在规划设计中预留相互对应、便于对接的出入口。同时，在周边地块一般会主动形成与轨道交通站点相连接的通道。例如，北京地铁海淀黄庄站的西北出口，利用长达 230m 的地下连廊，连接新中关购物中心、欧美汇购物中心。

深圳福田 CBD 区域福田站、购物公园站、会展中心站的地下空间通过"连城新天地"地下商业空间相互连通，构成了一个福田核心区的巨型地下站城一体化空间。并且福田地铁站共设有 32 个出入口，最远可达站点周边 500m 半径范围，在地下直通福田城际站。

地下慢行系统既不受到偶发性恶劣天气的影响，全天候、全气候条件可用，又为地下通道商业界面带来犹如建筑首层的密集的人群，增加了地块效益。

③空中慢行系统接驳

慢行交通在轨道交通接驳中，空中慢行系统既能隔离车流，又能接受自然通风采光，为客流提供安全舒适的步行环境。

日本大阪站北侧的 GRAND FRONT 由分布于 2 个地块的商业裙房与 4 座高层塔楼组成，不仅拥有优美的地面慢行系统，并通过跨街连廊将地块商业裙房之间、地块与站点之间便捷相连（图 4-9、图 4-10），为出入站客流提供了舒适、便捷、安全、连续的空中慢行系统。

4 站城一体化（TOD）发展模式设计策略　　095

图 4-7 上海地铁五角场站轨交综合体总体模型
图片来源：作者自绘

图 4-8 上海地铁三站的轨交人流利用率
图片来源：根据唐枫，徐磊青. 站城一体化视角下的轨交地块开发与空间效能研究——以上海三个轨交站为例 [J]. 西部人居环境学刊,2017,32(3):7-14 信息绘制

图 4-9 日本大阪站 GRAND FRONT 功能分区示意图
图片来源：根据 https://www.grandfront-osaka.jp 信息绘制

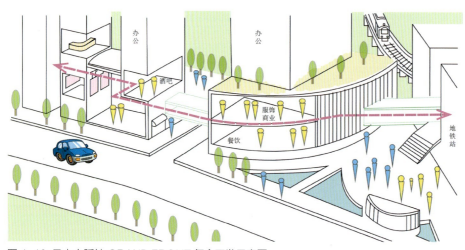

图 4-10 日本大阪站 GRAND FRONT 复合开发示意图
图片来源：根据 https://www.grandfront-osaka.jp 改绘

受到空中连廊的连接，各地块建筑的上层空间也将迎来犹如建筑首层的大量客群人流，更进一步发挥土地价值。

（3）小结

在交通组织设计中，站点与多种交通类型的接驳需重点考虑交通流线与用地布局之间协调，其最终形态和换乘方式取决于用地布局的限定。而慢行系统在交通组织中不仅自成系统，同时也承担着多种交通类型的换乘衔接。因此，站城一体化（TOD）思想的成熟体系中，慢行交通方式受到倡导和推荐。

慢行系统在一定程度上发挥着公共空间的职能，其便利程度、舒适程度更受到使用者的关注。因此，慢行交通系统是交通组织设计中值得重点规划设计的交通类型。

以下将在"4.3 站城一体化（TOD）——慢行交通系统设计"一节中，探讨慢行系统的具体设计策略。

4.2 站城一体化（TOD）地下空间设计

4.2.1 地下空间的发展背景

随着城市化发展，大城市、特大城市面临的交通拥堵、人口膨胀、环境恶化、资源紧张等问题越来越严重，蔓延式发展、城市割裂等城市病越来越受到关注，而通过地下空间的开发及综合利用以缓解城市发展中空间与交通的矛盾得到多方重视。

目前国内整体地下空间开发效果差强人意，即使特大城市高密度的 CBD 区域，地下空间开发也很少能够达到理想效果：有序的地下交通组织、活力的地下商业服务、高品质的地下空间环境。

究其原因，技术不是主要制约因素，主要问题在于：尚未真正明确地下空间应该承担什么功能；尚未找到合适的市场推动抓手；管理上尚未突破"道路红线"规划及传统的管理思维模式。

伴随我国大规模的地铁建设，地铁车站将大量人流带入地下，为城市地下空间综合开发提供了最大的契机。如何借此破题是本章节的研究重点。

1）我国城镇化进程中的城市发展现状为地下空间发展带来新契机

目前我国城镇化已经超过 50%，进入了新城镇化时期（又称后城镇化时期），此时期部分大城市、特大城市将继续集聚发展，同时会强力影响、带动其周边 1 小时交通范围内有基础的城市、城镇的大力发展，此阶段为都市圈构建阶段[46]。目前，集聚仍然是大城市发展趋势，扩散是调整城市结构实现新聚集的方式。产业特性、科技特点、人与人交流等特质，决定目前整体城市的发展趋势：核心城市以聚集为主，"新兴的生产性服务业向中心集聚，外向型产业分布在城市外围的开发区，加速了城市空间的外拓"。

在这一过程中，城市公共活动因城市地上空间有限而逐渐呈现出向地下转移的发展趋势，以解决居住、休闲、商业、办公、交通等功能需要巨大空间资源的问题。向地下要空间，正在成为城市发展的新未来。

2）地下空间综合开发利用的动力与制约

基于上述分析，伴随着产业外溢、空间外拓，中心区仍将以不同形态、不同形式集聚。集聚的高效，决定了越来越多的单位土地面积有更多开发量需求，然而这种集聚也带来了交通拥堵、空间不足、地租昂贵等一系列问题，这些问题反过来成为制约城市集聚的因素。这些交织的需求与矛盾为地下空间综合开发提供了原动力。

（1）大城市地下空间开发动力

①单位用地面积的基础上，扩大空间需求。从经济学角度来看，由于城市产业协同，以及空间集聚效应，在交通便捷的基础上，空间越集聚越产生更高效率，生产产出量更大化。因此，大城市具有对单位用地面积基础上增加空间的需求。核心区域地面空间发展不足，必然对地下空间需求增大。仅依靠地面交通无法满足地面密集建筑的交通需求。

②由于产业的集聚、人口的集中，形成高密城市，从而产生对轨道交通的迫切需求。根据常规经验，地面道路交通可承载的最大容积率为6~8。而日本的大城市核心区容积率可达到10，因此地面交通不能满足大城市核心区域容积率的需求，而轨道交通的开发能够提升城市综合承载力和城市开发总量[47]。

③慢行系统被道路系统分割，城市连通需求。城市主体"人"，一方面有从一个区域到另一个区域快速移动的需求，另一方面有需要在一个区域内通过步行快速直接到达目的地的需求。基于通过机动车道路进行城市用地分割和交通组织的规划理念，使得城市多数区域被道路割裂。此时，地下空间的出现可以帮助缓解并解决道路割裂城市造成的空间功能不合理，并具备让城市再连通（缝合）的能力。

④城市公共开敞空间需求。一层的地面空间资源无疑是非常宝贵的。道路、建筑物占据地面空间后，提供给市民的公共空间有限，这也就影响了整体城市品质。结合地面设计，进行系统考虑，充分开发地下空间，形成地下与地面连通并互动的开敞公共空间，将能很大地提升城市品质。

新一代的城市发展更加注重节约化、内涵式、高品质的发展，优质、连续的空间体验、充足的开敞空间是亟须提供的。因此利用地下空间解决上述问题会更加迫切。

（2）目前我国大城市地下空间综合开发主要受以下几个方面的制约。

①地下空间品质制约

总体来看，地下空间造价约为地上空间造价3倍，同时地下空间由于难于引入日照、无法自然通风等不利因素，使得地下空间整体环境品质受到影响。基于以上不利因素，地下空间很难成为人员的长期活动场所。

②造价影响

受到工程自身影响，常规地下空间单位面积造价是地上建筑造价的3倍，因此制约了地下空间开发。目前多数地下空间基于建筑自身基础需求，多为地下室作为设备管理用房、停车空间等用途。

③**规划管理制约**

目前机动车为主导的道路交通是我国绝大多数城市规划中的主导规划思维模式，此种模式及相应的规划管理手段严重制约了地下空间的统筹。现行管理体制下，城市道路划分为红线内与红线外两种不同地块，道路红线内地块为道路建设用地，其地上、地下的规划、建设、运营由政府统一负责；道路红线外为建筑物建设用地，由开发单位在政府允许的性质、高度等要求内，负责地面以上及地下空间的设计、建设、运营管理。由此，道路红线不但将地面分为两个部分，也将地下空间分为两个部分，地下空间被迫割裂。

④**体制机制制约**

政府负责解决公共产品，市场负责解决非公共产品。地下空间综合开发将涵盖地下交通（准公共产品），也必然涵盖非公共产品（地下商业开发等），由此需要政府引领并统筹各方资源，以实现地下空间开发利用的最大化。

而目前的土地政策，规定道路红线以内用地不能出让，在未形成明确利益、协同机制前，市场无法获得相关利益，导致无法及时推动系统性地下空间的建设，地下空间为城市服务的愿景也将被迫滞后。

地下空间的统筹开发更强调系统性、整体性。在实操层面，技术上涉及地下及地上空间统筹、地下空间开发、公共空间规划、市政管线综合等内容；体制机制方面强调机制的设计（顶层设计），也就是政府、地块业主等利益相关方的协作机制设计。

3）依托轨道交通建设，系统推动地下空间综合开发

（1）依托地下空间解决城市综合问题，带动城市品质发展。

（2）实现地下空间整体统筹规划。

（3）如何进行前瞻规划，为远期地下空间有序开发做好预留。

国外发达国家在现代城市建设过程中，为缓解城市用地紧张、满足日益增长的城市人口对环境和交通及设施的需求，都十分重视对地下空间的开发利用。大部分城市都以地下轨道交通建设为契机，对城市中心区进行立体化开发。轨道交通的建设具备了充分利用地下空间组织、地下慢行交通的条件，将大量人流引入地下，为开发地下空间创造了契机且注入了活力。

4）合理规划布局、提升整体品质

地下空间主要的开发形式包括修建地铁、地下步行街、地下停车场等服务设施；地下商场、文化长廊等商业文化设施；地下工厂、地下综合管廊等市政设施。充分利用地下空间进行立体化开发，解决地面空间不足、空间发展不协调等问题。 无论是为开发交通、商业或其他类型的地下空间开发，舒适和安全的内部环境尤为关键。

各发达国家，尤其是日本，在开发利用城市地下空间时都对这个问题十分关注，不

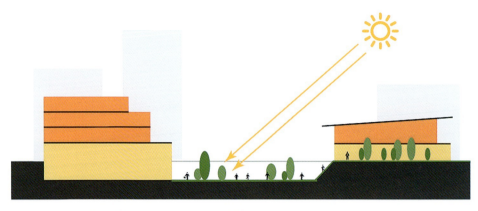

图 4-11 下沉式空间自然采光示意图
图片来源：作者自绘

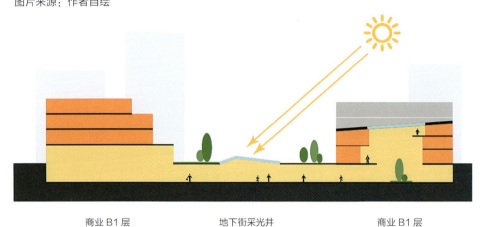

图 4-12 采光井示意图
图片来源：作者自绘

惜花费高昂代价，以确保环境的舒适与安全。这样的努力大大提升了地下空间对本地居民的吸引力，提高了地下空间的使用频率，促进了经济发展。具体来讲，地下空间环境的打造有如下几个要点：首先，要从防灾角度出发，对封闭环境进行明确清晰的空间划分，以免发生意外时造成人群恐慌和混乱。其次，地下空间不能利用天然采光和自然通风，因此需通过设计手法，如下沉广场、开敞采光中庭等形式引入自然光，使封闭环境得以缓解（图 4-11、图 4-12）。再次，地面慢行系统与地下慢行系统要合理过渡，实现上下统一。最后，统筹安排地下停车、地下管廊等市政、交通设施，实现地下空间的一体化规划设计。

5）"一体化"设计及统筹规划替代"红线"思维

部分使用空间存在冲突情况，如大量管线地下化且无序的发展争夺着有限的地下资源，这些市政设施多处于道路地下部分，会造成地下空间的割裂，无法开发地下过街通道。

地下空间综合开发是系统性开发，涉及道路红线内外统筹，也涉及交通商业统筹、地下与地面统筹。需要政府主导，相关部门与用地开发的企业互动，共同合作开发。由于地上地下用地权属的问题，地下空间一体化设计需要突破不同用地业主单位、不同产权建筑物的不同管理单位，统筹考虑，寻求最佳技术契合点（图4-13）。同时需要做好完善的政策研究储备，尤其要做好基于契约精神下的利益划分规定。

地下空间要做好，一定要实现道路红线内外、地块之间联动。需要政府从规划管理思路上进行创新，做好区域整体统筹、规划控制。对地下空间进行一体化规划，分期、分阶段实施。此外，还应进行相关专业规划研究，包括地下交通系统、地下市政设施系统、地下空间防空防灾、地下空间安全与技术保障、地下空间开发利用与历史文化名城保护、地下空间开发利用与生态环境保护以及政策措施等。政府主导与市场推动并举，涉及公共空间的地下空间开发，应该定位为"准公共产品"，应该由政府主导进行部分资金、资源投入，并结合市场特征，确定相关政策。

城市是一个巨系统，地下空间是巨系统中重要且复杂的一部分。城市是社会的最大资源，有效发挥城市资源需要巨系统中各部分协同发挥作用：集聚开发、交通供给匹配、空间合理配置、产业有序布置等。地下空间是让各部分协同的重要载体。依托轨道交通建设，发挥地下空间作用，系统规划、管理、建设地下空间，将有助于连接割裂的城市，更好地服务居民，使城市增值。

本书中研究的地下空间重点是依托地铁车站而构建的有人活动的地下空间。而这些地下活动空间既起到将地面功能区与地铁车站紧密联系的作用，又具备提供给使用者在地下进行商业、娱乐等各种活动的功能。

要实现地下空间进行商业、娱乐活动的目标就要关注地下空间的连通性能、品质与活力，让地下空间变为人们愿意使用、停留的空间。也就是说地下空间不仅要具备活力、品质，还要与地上空间互动、互补，能够起到将被道路"割裂"的城市重新"连接"的作用。

实现地下空间有活力、高品质、强连通等特性的具体方式如下：

（1）合理的地下慢行交通组织是地下空间活力的保障。地铁车站将大量客流带入地下，如何延伸并利用地下空间实现地下慢行交通连通，通过塑造交通空间来塑造地下空间的活力，是地下空间塑造中的关键。

（2）引入自然光是实现地下空间良好环境品质的保障。通过自然光的引入，将地下空间地面化并增强空间环境品质。

（3）合理配置业态让地下空间更生动。商业会带来人与人的互动以及经济的动力，地下空间在业态选择上要综合考量各种影响因素。

同时在技术层面要做好以下几点：

（1）地下空间对各类设施的统筹安排。

（2）处理好市政管线、消防、人防等关键工程技术。

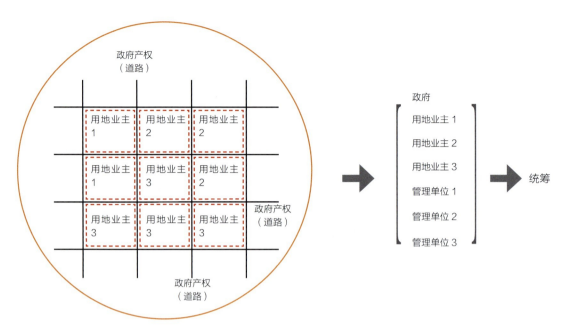

图 4-13 地下空间一体化设计统筹示意图
图片来源：作者自绘

4.2.2 地下空间慢行交通动线的构建

（1）慢行交通动线是地下空间活力的核心

地铁车站带来的人流到达各区域、各栋建筑，如同血液被输入各个器官一样，让城市变得生机勃勃，而地下慢行交通动线是地下空间输送人流客流的"血管"。如何让地铁车站运来的人流在适合的范围内进行地下活动，进而渗透到各地面空间，是促进地下空间活力的关键（图 4-14）。

（2）地下慢行交通具有缝合割裂城市的作用

随着城市的发展，轨道交通建设距离越来越长，人们可以通过轨道交通到达更远的地方，但是对于一定范围内的地上慢行交通来说，常常被地面快速路等城市道路阻隔，想要达到被阻隔的区域，就要面临绕行或者安全性等问题。因此，地下空间的综合开发利用在缝合割裂的城市方面的效用尤为显著，同时也能使地下交通与地面交通建立更强关联性（图 4-15、图 4-16）。

（3）地下慢行交通动线不是被动形成而是可以主动构建

不同于地面慢行系统那样是基于道路规划基础上构建的慢行交通系统，对于地下空间的慢行交通，其核心是人行动线。在地铁车站固定位置的情况下，主要考虑建立车站与地面重要吸引点之间的联系，以及与地下空间重要吸引点之间的联系。

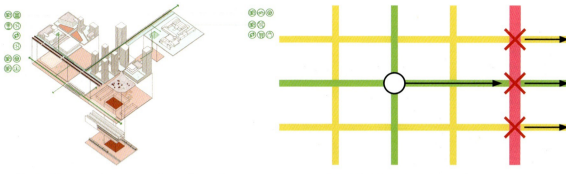

图 4-14 由地铁站向各个功能区输送人流示意图
图片来源：作者自绘

图 4-15 城市快速路阻隔城市地块连通示意图
图片来源：作者自绘

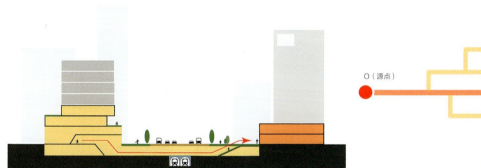

图 4-16 地下空间缝合割裂的城市功能示意图
图片来源：作者自绘

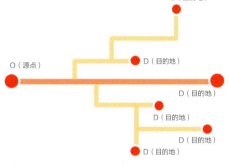

图 4-17 OD 交通量之间的交通动线构建示意图
图片来源：作者自绘

本文基于 OD 交通量概念进行地下慢行交通动线的构建。OD 交通量就是指起终点间的交通出行量。"O"来源于英文"Origin"，指出行的出发地点，"D"来源于英文"Destination"，指出行的目的地[48]。基于此原理，可以将地铁车站定义为 O 源点，源点确定后，目的地的确定是影响地下空间慢行交通动线的重要因素。源点与目的地之间形成的 OD 线将是整个地下空间的交通网络和活力网络（图 4-17）。

（4）地下空间慢行交通动线构建原则

①原则一：地下交通动线的目的地要具有吸引力

地下空间的目的地要有吸引力才可驱动人流在地下通行和活动，才能激发地下空间的活力。而我们这里所指的目的地不局限于单一的建筑，可扩大为一个小型的区域。只有此功能区域具有吸引力，才可吸引大量人流。一般吸引力较强的目的地有商业中心、地面的商务办公中心、广场绿地（开敞公共空间）、文娱设施（影院、展览馆）等（图 4-18、图 4-19）。

②原则二：地下空间慢行交通动线路径要便捷

人在地下空间中的辨识性和方向感相对于地上会降低，所以地下空间的路径应尽量

图 4-18 将有吸引力的商业空间作为目的地　　　　图 4-19 将开敞公共空间作为目的地
图片来源：作者自绘　　　　　　　　　　　　　　图片来源：作者自绘

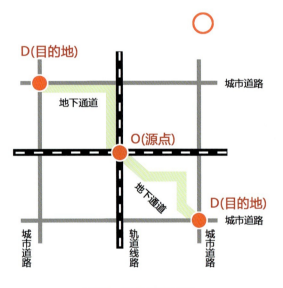 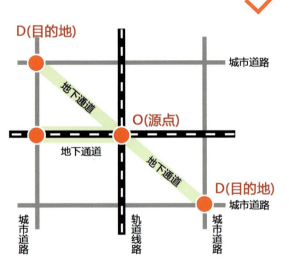

一般路径：路径构建迂回曲折　　　　　　　　　　推荐路径：选择短距离路径

图 4-20 平面路径方式选择示意图
图片来源：作者自绘

便捷。

平面：平面上减少迂回曲折的路线，尽量选择短距离路径。对于一些可以统一开发的地块，可以考虑穿过一些楼宇实现地下空间路径顺直。这也是与地面道路竞争的一个要素（图 4-20）。

竖向：竖向空间中尽量避免上下反复。与平面空间中有一定迂回的路径相比，竖向的上下反复会更让使用者拒绝选择此路径（图 4-21）。

③原则三：地下慢行交通动线在空间设计上应具有趣味性

对于行走在道路与通廊中的人而言，距离是影响因素，时长是决定因素。空间开敞、环境优美的步行街，即使长度为 300～500m 使用者也可接受；如果通道狭窄且封闭，

4 站城一体化（TOD）发展模式设计策略 | 105

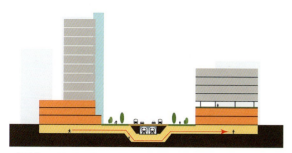

一般路径：路径构建上下反复

推荐路径：应减少上下反复路径

图 4-21 竖向路径方式选择示意图
图片来源：作者自绘

图 4-22 地下商业街步行长廊宽敞且装饰具有趣味性
图片来源：作者自摄

图 4-23 日本大阪站地下空间路径分级示意图
图片来源：作者自绘

即使长度仅 100～200m，使用者也会感觉非常压抑、不安全。因此，地下空间整体路径构建时应考虑路径空间开敞并具有趣味性（图 4-22）。例如深圳华强北地下商业街，在街中打造了三大情景式地下长廊和五大中庭广场增加地下空间的趣味性。

④原则四：路径分级

在地下空间片区规划中，路径应分主辅通道。主通道应去往目的地更便捷、串联功能更多、空间更有活力的地方，辅通道次之（图 4-23）。

⑤原则五：地下慢行交通动线的转换节点要清晰、突出

在两条以上的地下通道交叉或有垂直交通转换的地方应设置转换空间，并进行重点设计。在条件允许的情况下应将转换空间加高、加宽，使之更加突出。而在空间设计时

应有趣味性，并有明确的转换标识，如深圳华强北地下商业街，在两条通道相交处设置开敞大中庭。

4.2.3 地下空间环境品质的塑造

1) 引入自然光是地下空间环境品质的保障

地下空间应该结合合理的交通动线，塑造映入自然光的空间节点，尽量使地下空间地面化，具备地面一层的属性，与地面一层构成"双首层"空间。

在地下空间设计过程中，需要解决采光及通风问题。根据以往的设计经验，地下空间自然光的引入方式主要有下沉广场、采光井、建筑采光中庭（图4-24～图4-27）。

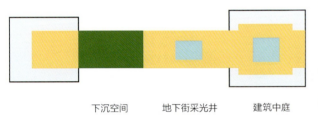

图4-24 地下空间自然光引入方式示意图
图片来源：作者自绘

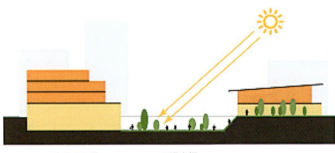

图4-25 下沉式空间自然采光示意图
图片来源：作者自绘

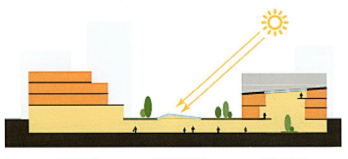

图4-26 采光井示意图
图片来源：作者自绘

地铁　　地下通道　　商业 B1 层

图 4-27 与建筑结合的采光中庭示意图
图片来源：作者自绘

图 4-28 通过下沉空间增强地下空间的自然采光
图片来源：拍摄于北京五棵松华熙 LIVE

2）地下空间中自然光的引入方式

（1）方式一：通过下沉空间引入自然光

下沉广场、下沉庭院是最好的自然光引入方式。大尺度下沉广场，会使其周边地下空间充分采光，是最好的地下、地面联系空间及合适的转换节点。下沉广场、下沉庭院可以通过坡地、台地等处理方式，让空间变换更自然。

在整体空间设计时，下沉广场在规划前期应非常重视。空间受限时，合理的下沉庭院布置也能起到自然光引入，以及趣味空间塑造的目的（图 4-28）。

（2）方式二：通过建筑天窗引入自然光

由于受到各种限制无法采用下沉空间引入自然光线时，天窗式自然采光也是主要选

图 4-29 地下商业街在地面设置采光天窗用于采光
图片来源：作者自绘

图 4-30 地面建筑顶棚设天窗使地下商业采光充足
图片来源：拍摄于北京乔福芳草地

择。此方式大部分使用在埋深较浅、地面部分为广场或绿地的地下商业街。此方式采光效率高，使用也比较灵活。为了打破线形商业空间的枯燥沉闷，大部分地下商业街采用设置中庭节点的方式进行处理，即采光中庭（图 4-29、图 4-30）。

3）自然光引入方式在地下空间塑造中的应用

由于地块与道路的功能、权属不同，地下空间节点塑造方式也不尽相同。我们借助案例分析的形式，依据用地权属分别对地块内和道路红线内两种情况的地下空间如何在满足引入自然光的条件下对活动空间进行塑造做阐述。

（1）地块内地下空间的自然光引入与空间塑造

①方式一：地下空间与地面步行街结合的空间塑造

在规划中地下空间可与地面步行街统一考虑，不仅连通周边地块，更与各个建筑楼宇的地下、地上空间，以及各类商业空间、街旁便捷商业空间等都能自然联系，构成一个便利顺畅、四通八达的城市环境网，同时通过设置连廊的形式，打造双首层空间，增强地下与地面的使用频率和经济效益（图4-31～图4-33）。

②方式二：地下空间与地面建筑物结合时的空间塑造

自地铁地下连通步道到达建筑物入口大厅后，进入建筑采光中庭，有舒适且自然的采光、丰富的室内外空间，形成建筑内的地上地下一体化（图4-34、图4-35）。

图4-31 成都某项目方案平面图
图片来源：作者自绘

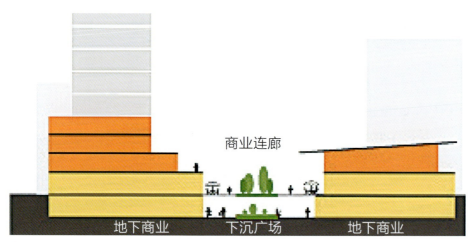

图 4-32 地下空间与商业街结合打造双首层空间剖面示意图
图片来源：作者自绘

图 4-33 地下空间与商业街结合打造双首层空间效果图
图片来源：作者自绘

③**方式三：下沉广场形式的地下空间塑造**

自地铁经过地下步行街到达以下沉广场为主要形式的地下空间，一般这里即是交通的核心，也是活力的核心。下沉广场的形式即增强了地下空间的采光性，又可利用此空间设置丰富的商业业态，吸引更多的人流客流。也有一些地区为突出主题形象，用采光顶结合下沉广场的形式来处理此空间，以达到采光和遮风避雨的双重效果（图 4-36、图 4-37）。

④**方式四：地下空间应是连续的**

在地块内可以用以上三种方式组合，结合不同的地上功能应用，形成连续的地下空间环境，满足将自然光引入地下的同时，又激发地下空间的活力，打造舒适的活动空间，塑造高品质的地下空间（图 4-38、图 4-39）。

4 站城一体化（TOD）发展模式设计策略 111

图 4-34 地下空间结合建筑内的采光中庭示意图
图片来源：作者自绘

图 4-35 建筑内采光中庭效果图
图片来源：作者自绘

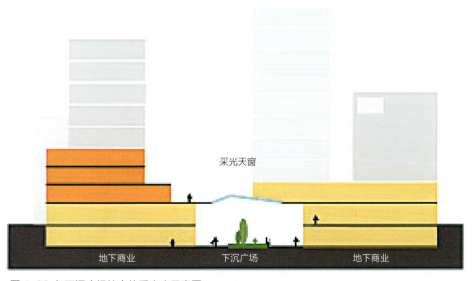

图 4-36 与下沉广场结合的采光庭示意图
图片来源：作者自绘

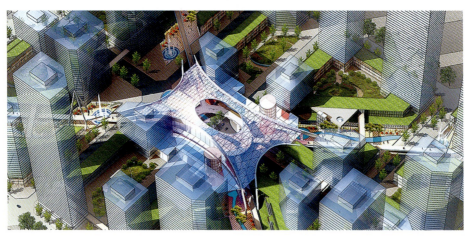

图 4-37 与下沉广场结合的采光庭效果图
图片来源：作者自绘

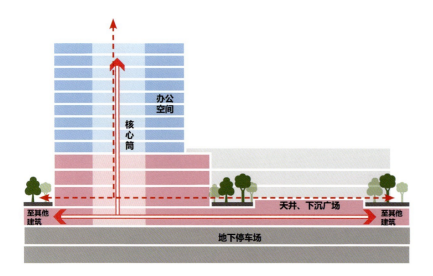

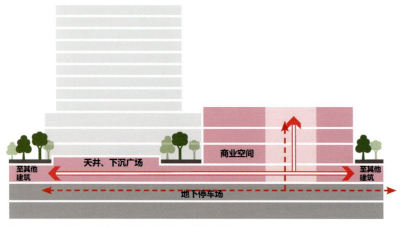

图 4-38 通过地下空间连接各个建筑形成连续空间
图片来源：作者自绘

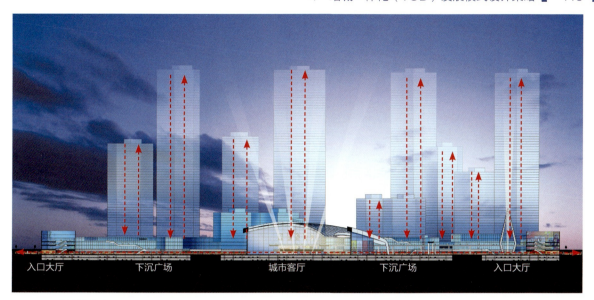

图 4-39 连续性的地下空间环境
图片来源：作者自绘

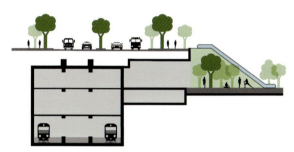

图 4-40 利用街边下沉广场为地下空间引入自然光
图片来源：作者自绘

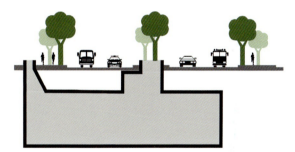

图 4-41 人行道设置采光井剖面图
图片来源：作者自绘

（2）道路红线内地下空间的自然光引入与空间塑造

由于建筑用地内产权属性等各类问题，很多区域需要利用道路下方空间进行综合地下空间开发。

①**方式一：利用街边下沉广场为地下空间引入自然光**

当地铁站厅设置在道路中心时，可以充分利用道路外侧人行道下方进行地下空间综合开发。可以考虑在道路红线外设置下沉广场，由此进行采光（图 4-40）。

②**方式二：利用道路中央隔离带设置采光井用于地下空间采光**

当地下空间设置在路侧，无法利用外侧空间采光时，结合道路中央的绿化带，设置采光井，将自然光引入综合开发的地下空间，提高其品质。

③**方式三：利用道路人行道设置采光井用于地下空间采光**

结合道路的人行道设置采光井，将自然光引入地下空间（图 4-41）。

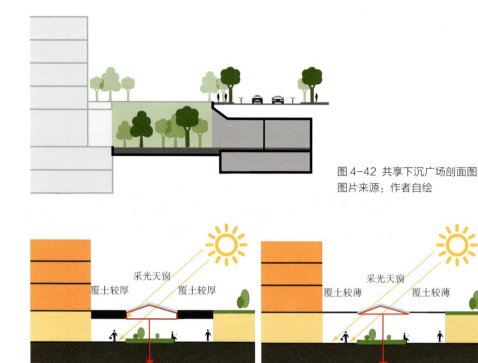

图 4-42 共享下沉广场剖面图
图片来源：作者自绘

图 4-43 采光井与覆土的关系
图片来源：作者自绘

④**方式四：与周边建筑结合，共享下沉空间，用于地下空间采光**

与道路红线外的建筑结合，共享下沉广场，将自然光引入地下空间（图 4-42）。

4）通过建筑天窗引入自然光的采光天窗与覆土之间的关系

覆土的薄厚程度会影响采光天窗的采光效果。覆土厚，从光线照射角度看会影响采光，部分阳光无法直射入室内；覆土薄，采光天窗基本与地面齐平，任意阳光照射均可直射室内。同时深覆土会使地下空间与地面提升高度增加。在地下空间综合开发时需要深入研究整体空间埋深（图 4-43）。

5）人工光环境在地下空间中的应用

明亮的光环境可以给人们带来安全与舒适的空间感受，对于部分无法引入自然光的地下空间，需要创造人工光环境。人工光环境就是将地下空间当作室内空间，营造适于人们的室内光环境。例如北京五棵松华熙 LIVE 购物中心地下通道的光环境营造（图 4-44）。

图 4-44 北京五棵松华熙 LIVE 地下通道人工光环境营造
图片来源：拍摄于北京华熙 LIVE

4.2.4 地下空间的业态配置

随着城市的发展，地下空间不再被理解为是地面空间的补充，而是一个可以进行独立开发和塑造的空间，并与地面空间进行统筹考虑。在地下空间设计过程中，首先应考虑的是地下空间的业态选择与地面空间业态的关联性（图 4-45）。

（1）地上功能为商业时地下空间的业态配置

在地面业态为大型商场集群的情况下，地下空间的使用者多为休闲娱乐的人群，其业态应选择与地面空间的功能互为补充，如甜品餐饮、服饰配饰、娱乐等小型商业业态。

作为现代网红打卡地之一的日本涩谷站，尽管地上是以商业为主的业态，其繁华程度使得涩谷站成为文化、潮流的代名词，但在地下空间的业态配置时同样要考虑人流客流的需求。地下空间的业态以零售商业为主，业态类型更加生活化，以满足各类人群的日常生活需求（图 4-46）。

（2）地上功能为办公时地下空间的业态配置

在地面业态为商务办公的情况下，地下空间的使用者更多的是上班族人群，因此，地下空间在业态选择上应满足上班族人群需求。多选择快餐、特色餐饮、便利店、药店等商业业态。

例如北京地铁大望路站旁的华贸中心，地上以购物与写字楼办公为主，地下一层是以超市、面包店、小吃店、咖啡店、杂货店、药店及图书文具等为主的业态，为地面写字楼中的办公人群提供便捷的生活服务（图 4-47~图 4-49）。

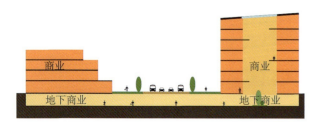

图 4-45 商业区地下空间业态模式示意图
图片来源：作者自绘

图 4-46 日本涩谷站地下商业业态——服饰零售
图片来源：拍摄于日本涩谷站

图 4-47 办公区地下空间业态模式示意图
图片来源：作者自绘

图 4-48 办公区地下空间业态——面包店
图片来源：拍摄于北京华贸中心地下商业街

图 4-49 办公区地下空间业态——餐饮
图片来源：拍摄于北京华贸中心地下商业街

4.2.5 地下公共空间的塑造

城市地下公共空间是指位于地面以下的城市公共空间。它是城市公共空间的组成部分，全天候向市民开放，是市民通勤、购物、休闲、娱乐和换乘等各种活动的核心承载空间。

在当代城市中，地下空间的构成内容极其多样，从地下市政管线空间、地下人防空间、高层建筑的地下设备空间，到地下交通空间（地下停车库、地铁、地下公交站、地下道路等），都是地下空间的一部分，地下公共空间有连接、黏合、整合地下空间开发

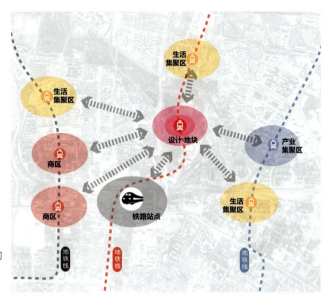

图 4-50 某站与周边站点的联动关系
图片来源：作者自绘

的作用，使地下空间形成完整的体系，提供空间存在的价值。塑造地下公共空间主要关注以下几点：

1）各地铁车站之间联动关系影响城市地下公共空间的塑造

目前我国城市的空间发展大多聚焦在城市市政道路对城市空间发展的影响，较少考虑到轨道线沿线的综合开发，关于轨道成网运营后，对城市空间发展的影响，业内也尚无深入研究。当前，轨道交通在城市综合交通体系中扮演的角色愈加重要，轨道沿线地铁站点之间的联动开发对于整合城市总体开发格局具有重要作用（图4-50）。在具体的开发过程中，需注意以下两点：

（1）从轨道线网角度分析各站点在地区发展中的能级与功能定位，如市级中心——片区级中心——社区级中心等。

（2）系统梳理轨道交通站点与周边建筑、地下空间等相对关系，看是否有连通发展的必要性和可能性。

如图4-51所示，地铁车站之间的联动关系已经从"功能重复，每个站点都是以办公楼、住宅、商业的混合，形成恶性竞争，也达不到优化城市空间结构的目的"转变为"构建分层次、功能各异的城市吸引点，提升沿线城市功能的整体吸引力"。

2）地下人流量影响地下空间开发总量

地下空间综合开发（除停车、设备、市政设施外）的总量受到地面建筑业态、开发强度等因素的影响，直接影响因素是地下人流量。

根据地下空间的规模、功能、形式、布局等方面的不同，将地下空间可以分为多种类型（表4-2）。

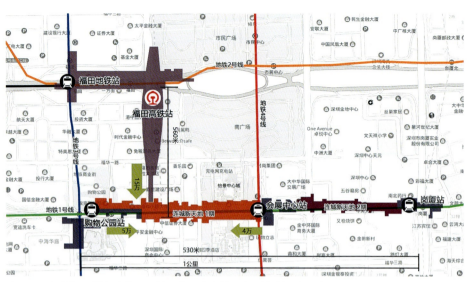

图 4-51 深圳福田站与购物公园站、会展中心站、岗厦站之间的联动关系
图片来源：作者自绘

地下空间分类研究汇总表 表 4-2

	地下空间类型	交通型广场	大型复合地下街	大型地下通道	大中型地下带	贯通物业的复合地下街	小型连接通道
规模	人流	50万~100万人/日，高峰10万人/时以上	30万~50万人/日，高峰6万~10万人/时	10万~30万人/时，高峰2万~6万人/时	10万~30万人/日，高峰2万~6万人/时	5万~15万人/日，高峰1万~2万人/时，片区岗位5万以上	5万人/日以下，高峰1万人/时以下
	建筑面积	2.5万~3万平方米	2万~3万平方米	—	—	公共地下空间开发投影面积占用地面积比例不超过50%	—
	通道面积	1.5万~2万平方米	1万~1.5万平方米	—	—	通道占比为1/4~1/3	—
	商业面积	1万~1.5万平方米	1万~1.5万平方米	—	—	—	—
	通道长度	—	—	0.5~1km	0.5~1km	—	1km以下
	通道宽度	—	8~16m	8~16m	8~12m	6m以上	6~10m
	商业宽度	岛状与带状，带状6m以上	6~8m	—	6~10m	岛状与带状，带状6m以上	6m以上
功能		快速疏散与转换	快速通达及疏散，商业需求	主要为纯通道，快速到达	快速通达，商业需求	提升区域交通效率与空间品质	快速通达，布置满足基本需求的商业

续表

地下空间类型	交通型广场	大型复合地下街	大型地下通道	大中型地下带	贯通物业的复合地下街	小型连接通道
形式	厅式或复合式	通道式或复合式	通道式	通道式	复合式	通道式
布局	位于大铁站与轨道站点（其他交通枢纽）换乘区域	位于大人流站前商务商业核心区，物业连通需求大时，商业由物业地下空间提供，通道占比1/2～1/3	位于需快速联系的相邻轨道站点之间或能吸引大量人流的地下空间节点与轨道站点之间，地面道路空间或地下建设条件不足	位于需快速联系的相邻轨道站点之间或能吸引大量人流的地下空间节点与轨道站点之间，商业需求较大	位于城市商业商务核心区，且物业地下空间与公共地下空间可一体化打造	位于重要地下空间节点的联系通道上

资料来源：某项目地下空间规划研究数据

3）凯文·林奇的城市五要素在地下空间的映射

基于人对城市地图的构建解析，凯文·林奇在《城市意象》一书中提出道路、边界、区域、节点、标志物5要素。[49] 同样，人在地下对于整体地下空间认知也具有类似特征。

可以分为以下几个要素：

通道：地下空间连接各区域的通道、步行街。

节点空间：是地下空间中各功能之间的连接点或地面与地下的转换点。

下沉广场与庭院是特殊的节点空间。因有自然光的引入，基于人对自然光的敏感性，它会在人的头脑中形成非常重要的意象地图。

标志物：是人在地下空间活动中辨别方向的关键要素。

（1）道路：地下通道设置形式

地下通道是公共空间的路径空间，在地下公共空间系统中占比重最高。地下通道不仅用作地下人行步道使用，也是人们进行公共活动的空间载体。由于地下街道空间缺乏外部环境要素影响，具有较强的封闭性，其步行路径的畅通性、导向性，会极大地影响人们的使用感受。

①按组织形式划分

根据地下街道的组织形式，可以分为线型、中心发散型和网络型三种（图4-52～图4-54）。其中线型地下街道具有较强的方向性，空间导向较强；中心发散型地下街道具有较强的空间联系，集散效果较好；网络型地下街道铺设面较广，易于营造空间氛围。

②按功能布局形式

根据地下街道的功能布局方式，可分为步道式布局、厅式布局及混合式布局三种模式。[50]

步道式布局模式，是指以单向步行道为主线，组织功能单元的布局形式。根据步行道与功能单元的组合关系，可分为中间步道式、单侧步道式与双侧步道式（图4-55）。

步道式布局的特点是步行道方向性强，与其他人流交叉少，可保证步行人流畅通。

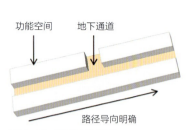
图 4-52 线型地下街道
图片来源：作者自绘

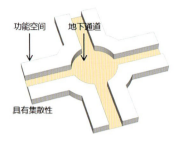
图 4-53 中心发散型地下街道
图片来源：作者自绘

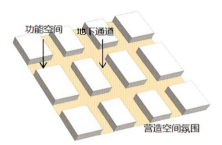
图 4-54 网格型地下街道
图片来源：作者自绘

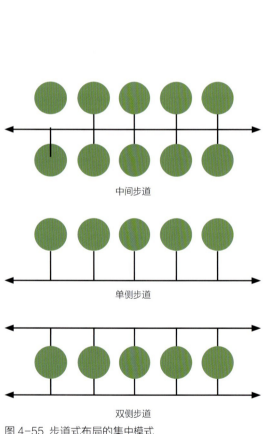
图 4-55 步道式布局的集中模式
图片来源：作者自绘

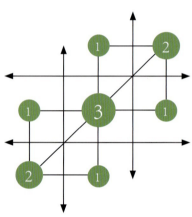
图 4-56 厅式组合模式
图片来源：作者自绘

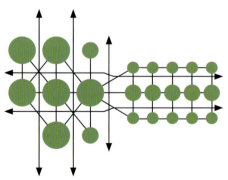
图 4-57 混合组合模式
图片来源：作者自绘

同时购物等功能单元沿步道分布，井然有序，与通行人流干扰小。

厅式布局模式，是指沿某一主要方向，而并非按同一规则安排各功能单元的布局模式。这一布局形式没有明确的步行道，人流空间由各功能单元内部自由分割，其特点是组合灵活，在某方面的布局没有规则可循，空间较大，人流干扰大，易迷失方向，应注意人流交通组织和应急疏散安全（图 4-56）。

4 站城一体化（TOD）发展模式设计策略 | 121

图 4-59 节点：地下空间中简单的聚集点意向图
图片来源：拍摄于日本大阪站地下空间

图 4-60 节点：与地面进行转换的转换点意向图
图片来源：作者自绘

图 4-58 节点：空间连接点意向图
图片来源：拍摄于日本大阪站

混合式布局模式，是步道式与厅式的组合模式，也是地下街中最普遍采用的形式。其特点是可结合地面街道与广场布置，规模大，功能多；能充分利用地下空间，有效解决人流、车流问题（图 4-57）。

（2）节点：空间节点设计

节点是指不同交通动线的空间连接点或与地面进行转换的转换点或是地下空间中简单的聚集点。由于城市地下空间形态的复杂多样性，其不同功能空间之间往往没有严格的间隔，而且互相渗透、流动和引申，因而它必须有一个清晰的、有组织的、明确的交通系统和空间结构，有突出的视觉中心（图 4-58～图 4-60）。

（3）标志物

标志物是使用者的外部使用参考点。标志物应有清晰的形式，占据突出的空间位置。在地下空间中标志物一般采用雕塑、小品等元素，并与人工光环境结合，占据视觉焦点。其位置一般设置在节点空间处，以便人们用以辨识方向，作为地下空间的参考点，突出节点空间的重要性（图 4-61～图 4-65）。

图 4-61 标志物：设置典型标志物突出节点
图片来源：拍摄于北京乔福芳草地

图 4-62 标志物：设置服务台等装饰空间节点
图片来源：拍摄于深圳连城新天地

图 4-63 标志物：利用标识系统，突出节点的方向性
图片来源：拍摄于北京华熙 LIVE

图 4-64 标志物：设置构筑物突出空间节点
图片来源：作者自绘

图 4-65 标志物：利用空间节点做喷泉等装饰小品
图片来源：拍摄于深圳连城新天地

4.2.6 地下空间竖向分层的控制

目前地下空间竖向控制多以地下 0 ~ -10m 为浅层、-10 ~ -30m 为次浅层、-30 ~ -50m 为次深层、>-50m 为深层进行竖向分层（图 4-66）。

对于综合开发区域，应在概念方案确定后同步对地下空间竖向控制进行确定。主要控制浅层及次浅层竖向范围内。

0 ~ -3m 适宜直埋管线、小管沟、做绿化空间。

-3 ~ -10m 适宜做地下商业街，此区间为重点控制区间。此区间可以设置重力流管线、综合管廊，需要避让地下通道、地下商业。

-10 ~ -30m 适宜做综合管廊、车库、设备用房等。

在同一层面的地下空间内，构筑物产生冲突时，要求按照以下原则协调处理：

（1）人和车产生矛盾时，行人空间优先。

（2）地下民用设施与市政设施产生冲突时，市政设施优先。

（3）不同交通形式产生矛盾时，根据避让的难易程度决定优先权。

图 4-66 地下空间竖向控制示意图
图片来源：作者自绘

4.2.7 地下空间的关键工程技术

为了地下空间连通顺畅，地铁车站需要与周边物业开发充分连通结合。而地铁作为地下工程，并兼顾人防功能，在消防、人防设计方面有自身要求。这些要求，会与通透、连通的空间需求相矛盾，在地下空间规划、设计时应关注。

（1）消防

根据《地铁设计防火标准》（GB 51298-2018）中 4.1.6 规定，"在站厅公共区同层布置的商业等非地铁功能的场所，应采用防火墙与站厅公共区进行分隔，相互间宜采用下沉广场或连接通道等方式连通，不应直接连通。下沉广场的宽度不应小于 13m；连接通道的长度不应小于 10m、宽度不应大于 8m，连接通道内应设置 2 道分别由地铁和商业等非地铁功能的场所控制且耐火极限均不低于 3.00h 的防火卷帘"。[51]

因此，在周边用地允许的情况下，可以考虑地铁与周边物业开发通过下沉广场，或开敞的中庭连接。这样既满足消防要求，又能够实现空间开敞（图 4-67、图 4-68）。

（2）人防

《轨道交通工程人民防空设计规范》（RFJ 02-2009）中 1.0.1 规定，"轨道交通工程地下部分的建设应兼顾人民防空的需要，为使轨道交通工程的人防设计符合战时及平时的功能要求，做到安全、适用、经济、合理"。

图 4-67 地铁站内空间通过下沉广场与商业衔接效果图
图片来源：作者自绘

图 4-68 地铁站内空间通过下沉广场与商业衔接剖面示意图
图片来源：作者自绘

4 站城一体化（TOD）发展模式设计策略 | 125

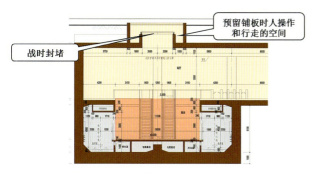

图 4-69 移动式人防防护门示意图
图片来源：作者自绘

图 4-70 车站顶部人防采光天窗
图片来源：作者自绘

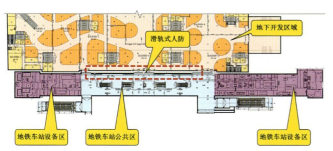

图 4-71 滑轨式人防防护门
图片来源：作者自绘

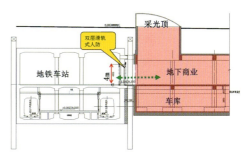

图 4-72 车站侧墙滑轨式人防，与商业结合
图片来源：作者自绘

对于一些位于枢纽区域，或者重要商务、商贸区车站，如有地下空间开敞连通需求，可以考虑提前与当地人防管理部门沟通，或者通过一些人防先进产品配合设计。如北京某站人防采用移动式人防防护门及移动式顶部防护板，实现车站与周边开敞连通，并实现了车站顶部开天窗（图 4-69～图 4-72）。

（3）市政管线

要实现地下空间综合开发，需充分利用地下浅层空间，合理衔接各功能，其中需要特别关注市政管线。市政管线往往也敷设在浅层空间，尤其雨水、污水这类重力流管线，常会占据 -3m～-8m 空间。此类管线如不在规划阶段提前做好协调，将会在实施中极难处理，最后无法实现地下综合开发空间的合理连通。

此类管线主要处理方式有两种，一类是在规划时进行整体考虑，管线避开地下空间开发区域；另一类就是让重力流管线通过泵房分段提升，以避开地下人行空间。第二种方式不管是在建设时期还是在运营时期，都需要较高的代价。

附：地下空间一体化设计逻辑思维导图（图4-73）

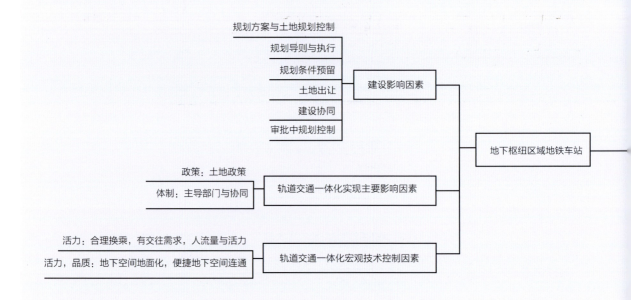

图4-73 地下空间一体化设计逻辑思维导图
图片来源：作者自绘

4 站城一体化（TOD）发展模式设计策略

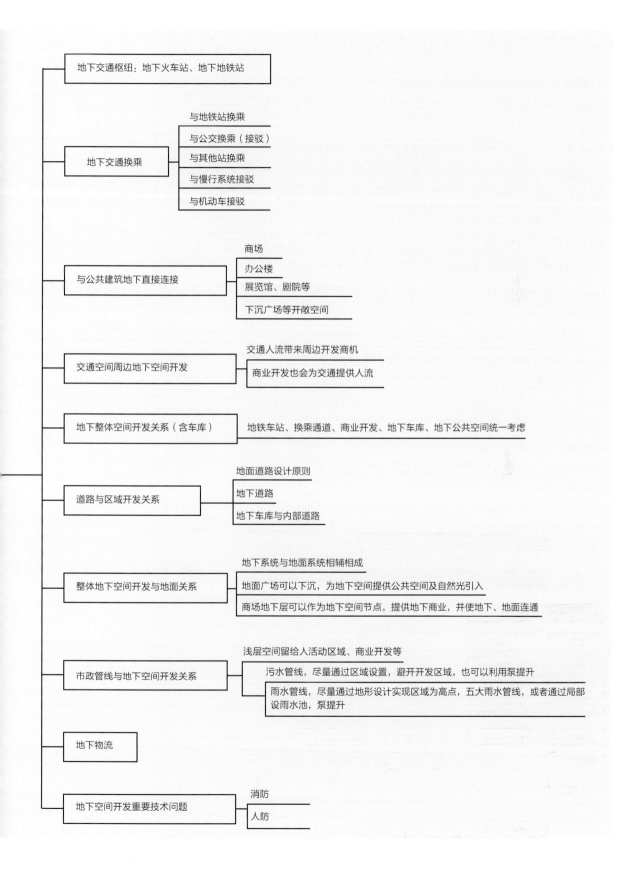

4.3 站城一体化（TOD）慢行交通系统设计

慢行交通概念在《上海市城市交通白皮书》[52]中首次提出，并明确定义了慢行系统是指以出行速度不大于15km/ h，以人力为动力机能的空间移动交通，主要包括步行、自行车及助动车三类交通方式。

在城市中，人们对于生活环境的需求是多种多样的，包括居住、工作、交往、各类活动等需求，这些人行为所需也使得城市产生了各项功能，人们通过慢行活动可满足绝大多数生活需求（图4-74）。本章内容则提出轨道交通站点以慢行模式为主导进行社区的构建和人的行为、生活模式的塑造。即以慢行生活模式的构建引发站点周边城市空间用地功能和布局的规划和重组。

本部分探讨研究的慢行交通系统，不仅指慢行交通系统的相关设计，还着重于探讨慢行交通系统是如何与轨道交通共同作用，引导改变关联区域人们的交通行为模式，进而影响生活模式。

TOD模式下的慢行系统，可以从两个方面去理解：

一是通过慢行交通为主导的空间组织模式，推动社区、生活空间重塑。城市区域功能以慢行系统为主导进行构建，在此模式下进而引发区域功能布局、城市空间的相应重组。

二是综合交通体系的调整。慢行交通不是在既有交通体系上去优化步道，而是将慢行体系在一定层面、一定活动区域范围上作为主导，以此为核心组织综合交通，并非排斥机动车交通，而是为了各种交通方式之间能更好地分工与协同。

图4-74 人们通过步行方式可满足多数生活需求
图片来源：作者自绘

4.3.1 慢行交通的发展背景

（1）城镇化发展阶段

根据国家统计局统计数据，2018年我国城镇人口占总人口比重（城镇化率）已达到59.58%，正处于加速城镇化发展阶段的中后期（图4-75）。随着我国城镇化的快速推进，城市的不断发展，居民的生活水平快速提高，人们对物质生活和精神生活质量的要求也越来越高，对城市的宜居性要求日益迫切，而慢行交通在城市环境品质建设中占据了非常重要的地位。

（2）群体意识转变

随着经济的发展和消费水平的提高，人们对城市人居生活水平和多样性休闲空间的品质要求也越来越高。人们的交通出行方式也发生着巨大的转变，从20世纪八九十年代的自行车为主，到小汽车的普及，再到今天绿色、健康的生活方式成为新的风尚，而慢行交通正是适应这一转变的重要体现。

根据WHO研究显示，人们对于机动车的交通需求达到平稳状态，反而对运动步数、运动相关APP的关注度明显提升。目前全球仅1/3的女性和1/3的男性没有达到专家推荐的、有益健康的活动水平，即每周至少进行150分钟中等强度的闲暇活动，或是75分钟高等强度的体育锻炼，中国仅有14.1%的居民不经常运动（图4-76）。数据显示，2018年6月运动大数据APP月度活跃用户已达到7100万（图4-77）。用户对于运动健身重要性的认知升级，运动健身理念在人群中的渗透率显著提高。

由此看出，随着物质和精神水平的提升，人们对于健康的生活方式有了更高的追求，慢行生活逐渐成为人们提倡的主流健康生活模式。相应地，城市应当充分尊重人们的价值取向和生活方式，在城市空间、城市交通出行的组织上做出相应调整。

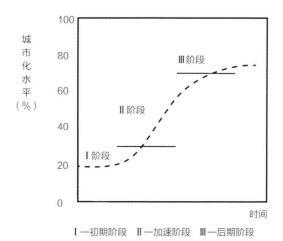

图4-75 城镇化进程"S"形曲线
图片来源：作者自绘

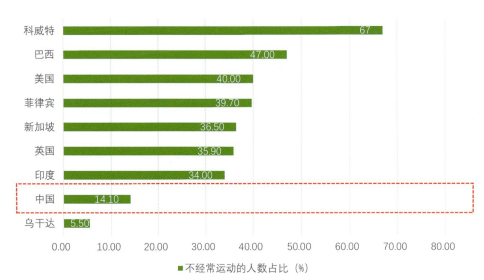

图 4-76 2018 年不同国家中不经常运动人数占总人数比例
图片来源：根据"WHO（世界卫生组织），艾瑞咨询研究院"信息绘制

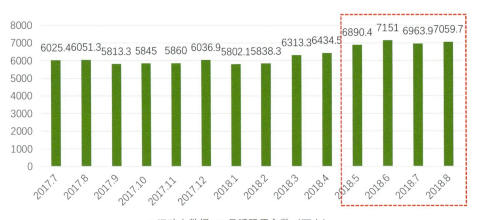

图 4-77 运动 APP 月度活跃用户数
图片来源：根据"WHO（世界卫生组织），艾瑞咨询研究院"信息绘制

（3）国家行政手段推动

政府作为上层建筑，负责制定国家的政策，其决策对于城市发展方向有决定性作用。近年来，通过提出相关政策、指导意见或实施规划管控等措施，对城市建设中道路建设及交通发展进行引导，提倡以"公交优先、鼓励慢行、限制机动车"的综合交通发展策略。国家各项行政措施的提出，对城市慢行交通建设，改善城市人居环境，促进人民群众的生产生活和对城市可持续发展起到了重要推动作用。

2012 年 10 月，住房和城乡建设部发布了《关于加强城市步行和自行车交通系统建设的指导意见》[53]，明确要求各地加强城市慢行系统专项规划，加快步行、自行车交通系统的建设。

2016年2月，中共中央国务院发布了《关于进一步加强城市规划建设管理工作的若干意见》[54]，提出优化街区路网结构、树立"窄马路，密路网"的城市道路布局理念，加强自行车道和步行道系统建设，倡导绿色出行。

2017年《北京城市总体规划（2016年—2035年）》[55]获得中央批复，提出建设步行和自行车友好城市的规划目标。控制绿化指标，改善步行和自行车出行环境，构建层次鲜明、功能多样、内涵丰富、顺畅便捷的绿道步行系统。

（4）地方政府的积极推进

在国家相关政策的推动和大力号召下，各地方基于本地的需求，依据当地的实际情况推进慢行交通的建设及实施，逐步开展了慢行交通、生活模式的一系列城市建设。此外，一些城市进行了慢行系统专项规划，将建设安全、舒适和有效的慢行系统纳入城市总体规划之中。

①让城市生活慢下来——深圳再造慢行系统

深圳市委提出"让城市生活慢下来"再造深圳慢行系统的策略，包括建设CBD区域立体步行连廊、改善重点片区慢行网络、完善立体过街设施、发展公共租赁自行车等。通行系统二次开发建设，打造简单、舒适、惬意的人居生活环境。

②上海15分钟社区生活圈的规划和实践

上海在迈向新的发展目标和加强城市建设工作过程中，提出打造"15分钟步行生活圈"的概念。上海市规划和国土资源管理局2016年发布的《上海市15分钟社区生活圈规划导则》[56]详细指导了城市公共服务功能与公共活动空间的建设和管理。

③漳州市出台慢行系统专项规划

漳州市出台《中心城区步行和自行车交通系统规划(2014—2030)》[57]，规划制定步行和自行车交通改善实施计划，围绕"田园都市生态之城"中心，以绿色便民为导向，既满足市民通勤、休闲的需求，也满足风貌、景观展示的需求。

4.3.2 慢行交通方式发展的意义

在慢行主导生活模式广受欢迎的同时，"慢行城市"的概念日渐深入人心。越来越多的城市已经开始行动，慢行对城市发展的意义主要有以下几点。

（1）促进经济发展

①促进繁荣，支持本地商业发展。友好的慢行环境既让社区更健康，也让社区更繁荣。为了让社区居民拥有友好的步行空间，除了对街道进行友好设计外，还需要沿街布置消费空间，如便利店、水果店、餐饮店等，为居民提供社区便利服务、增加社区活力，为本地创造更多创业和就业的机会。

②提升土地价值和财产价值。慢行环境能够通过创造安全、可达和宜居的环境来增

加房地产的价值。街道的步行化规划设计能够提升地区租金水平，让区域价值得到提升。

③降低成本。创造更多的慢行环境能够在一定程度上减少车行交通出行量，将大大减少交通拥堵的时间成本。相较于其他交通方式，慢行空间的建设成本投入较少，后期维护成本较少。

（2）提升城市形象

慢行系统中的步行体系主要是围绕城市公共休闲空间规划的，如沿水岸设滨水休闲道、在公园内设计步行道等。还有一些步行空间是结合城市公共服务设施规划的，如结合文化中心、体育中心、商业中心等规划步行空间。无论是哪一种，步行空间的打造都是城市生活环境品质的体现，更成为一个城市综合竞争力和形象的直观展示。

除此之外，步行体验是游客感受城市的可视性记忆，步行环境能够促生愉悦的行走经历，而与目的地之间的短距离也能让人们增加游历城市、享受当地商店等愉悦感。

（3）优化城市空间

2016年中共中央、国务院发布的《中共中央国务院关于进一步加强城市规划建设管理工作的若干意见》[54]，强调通过精细化管理，从精细、高效、合理有序的视角关注城市设计。另外，提升城市生活品质的关键点是深入细化城市空间设计，必须以解决实际城市问题为导向，应适度摒弃"理想主义"，追求"实用主义"等。慢行空间作为居民参与度、使用率较高的城市空间，精细化、人性化的设计会提升整体的城市空间品质。

4.3.3 慢行系统的空间布局原则

轨道交通站点应尽量靠近和直接服务于旅游景区、景点，实现与慢行系统的便利接驳。采用专用自行车停车场一体化设计、步行道紧密结合站点换乘广场等设计手法，构建便捷、生态、宜人的站点周边慢行系统。

（1）生态优先，与蓝绿两网结合布置

轨道交通站点周边的慢行系统布置应当遵循生态优先的原则，在保护生态环境的基础上，注重与城市滨水空间以及绿色空间的有机融合，将蓝绿空间通过慢行系统渗入城市，塑造高品质的轨道交通引导的城市生活中心。

（2）以人为本，合理配置交通服务设施

慢行系统规划应充分尊重人的需求，考虑不同交通方式之间换乘的便捷性，合理规划慢行系统与公交站点、轨道站点之间的组织关系，重点完善轨道站点周边500m范围内的人行过街设施，保证行人过街的便捷性和安全性，提供便捷高效的慢行系统换乘服务，解决好居民"最后一公里"的出行问题。

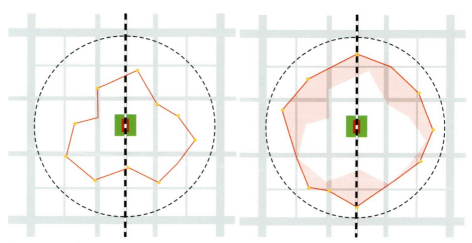

图 4-78 打通慢行系统前后空间可达性对比示意图
图片来源：作者自绘

（3）提升活力，与公共空间结合布置

城市公共空间是指为人们日常交往活动提供设施和环境的场所，主要包括城市广场、公园、体育馆、学校、商业中心等。慢行系统规划时应考虑与公共空间相结合布置，以提升城市公共空间的可达性，延伸轨道交通站点的辐射范围，加强人与场所之间的联系，增进人与人之间的交往，强化轨道交通枢纽的中心地位，提升城市活力（图 4-78）。

4.3.4 慢行交通系统的构建

（1）慢行系统策略

TOD 理念的慢行系统的规划设计要结合站点所在的区位交通系统特征以及站点所需的慢行交通接驳特征，提供便捷的交通接驳服务，满足慢行交通出行需求。要以人为本，注重交通接驳功能与城市交通系统的融合，尤其是与城市慢行系统的融合，为出行者提供有效的慢行空间、舒适的出行空间。通过对慢行系统案例的分析，提出三点慢行系统策略供研究参考。

① 差异化

TOD 慢行系统的构建需要结合站点所在的区位特色，在明确站点功能的基础上，在街道重塑背景下开展规划设计。在《成都市轨道交通场站一体化城市设计导则》中，将站点划分为城市级、片区级、组团级和一般站点，其核心区半径／辐射影响半径分别是：500/800m、500/800m、300/800m、300/500m，具体规划设计工作的开展可以结合影响区范围开展。在肖云琳等《深圳市轨道交通车站慢行接驳交通规划》一文中，针对不同轨道站点慢行网络、慢行设施和慢行环境三个方面的不同设计要点，充分体现了 TOD 慢行系统设计的差异化。

图 4-79 交通方式布局的优先顺序

一般来说，城市级和片区级站点周边的道路网系统或轨道系统相对较为密集，周边用地开发密度较高，并且多为代表性的商业或用地组合模式；组团级或一般站点相对较为稀疏，周边用地开发密度适中，主要以满足一般生活居住、商业模式为主。因此，不同站点周边慢行系统的构建重点将有所不同。针对具有内外交通枢纽功能、客流量较大的城市级车站或片区级车站周边慢行系统的构建，除了基于道路网系统之外，还需要综合考虑空中以及地下空间，与周边开发相结合，打造立体慢行体系。组团级和一般站点片区级车站周边慢行系统的构建，原则上是实现站点与地面道路网络、慢行空间的有序衔接。

② 优先化

TOD 中倡导慢行交通的接驳，需要体现在路网、空间以及设施等布局上，核心的要义是优先布局（图 4-79）。

慢行交通作为接驳车站出行最为末端的出行方式之一，尤其是步行，可以直达站台与出行目的地。要确保在网络上连接车站，优先布设出行空间，做到线网通达，空间舒适。在设施方面，优先布设交通设施，以"人"为空间使用主体进行设计，如自行车停车空间，尽量与车站出入口接近，可灵活采用集中和分散的布局模式，有明确的交通标识，做到位置容易辨识，避免无效绕行；在满足交通设施布局的基础上，布设公共设施、景观设施、交通标志标识设施等提升慢行出行品质，提高慢行空间的参与性，以交通性功能为主的空间，一般需要设快速通道，避免驻足停留造成拥堵，要重点做好交通标志标识设施的布设；以交往为主的空间，要适当增加交流互动空间以及设施，满足使用者的交往需求。

③ 精细化

在 TOD 理念下，车站不仅仅是多种交通模式的组合和载体，更重要的是起到了衔接延续城市功能的作用，使其成为人们完成日常工作、生活、娱乐、购物等社会生活服务的转换场所。其中，慢行系统尤其是步行系统作为串联交通场景和社会活动场景的纽带，优化慢行系统的空间设计、品质设计，营造出行舒适感成为许多 TOD 成功车站的重要手段。在这一过程中，更加注重乘客出行感受的精细化设计，突破道路工程学和交通工程学的设计手段。精细化设计体现在：慢行空间连续性设计、无障碍设计、稳静化设计、绿化设计、设施设计、铺装设计、夜景设计、公共空间融合设计等方面。

（2）慢行立体交通体系

在 TOD 站点周边的交通系统中，慢行交通系统通过连接轨道站点、公交站点、周边地块及建筑等要素，是行人连续、便捷的出行网络系统和通行空间。

从慢行系统的服务特性上来看，在轨道站点周边具有双重服务功能，一是作为道路系统的一个组成部分，具备服务沿线出行的线性服务功能；二是作为服务于轨道交通衔接的重要方式，主要依托轨道站点的点状大客流特性，具备节点服务功能。因此，这种"线+点"状的出行需求，为慢行交通系统的构建提供了最根本的交通源，同时慢行交通系统的有序构建将对整个交通系统起到极大的提升作用。

基于上述慢行系统的服务特性，可以将慢行系统规划的核心理念概括为：衔接＋立体＋协同。

① 衔接

打造"轨道＋公交＋慢行"为主导的综合交通系统是 TOD 交通规划的核心。其中，慢行系统需要有机地衔接轨道及公交系统，实现客流的有序分散及集中（图 4-80）。

策略 1：整体结构与能力的匹配

慢行网络结构的建立，其核心是明确客流"从哪里来，到哪里去，客流量多少"等问题。在此基础上，采用慢行系统将客流串接到轨道、公交等其他交通方式上。

一般来说，除了在通道空间上满足慢行出行需求之外，非机动车停车位的布置，也需要考虑"集中＋分散"的布局模式，并做设施规模的预留。

策略 2：衔接组织流线的便捷

以"出行链"为基础，组织慢行交通系统与轨道、公交的接驳服务，体现出主要和次要人流出行链的流线动向（图 4-81、图 4-82）。在满足出行需求的基础上，提供有效衔接的慢行换乘服务，体现衔接的无缝化、连续化、分离化。

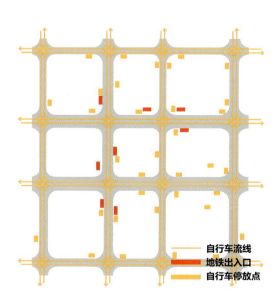

图 4-80 某车站轨道与慢行的衔接
图片来源：作者自绘

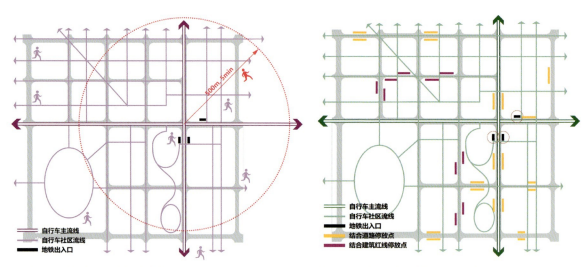

图 4-81 某车站步行接驳示意图
图片来源：作者自绘

图 4-82 某车站自行车接驳示意图
图片来源：作者自绘

无缝化：一是尽量缩短乘客的步行距离；二是自行车停靠设施尽量靠近车站出入口位置布设。[58]

连续化：基于乘客"出行链"，提供连续性的换乘服务空间。

分离化：一是进出流线的分离；二是主次客流组织流线的分离；三是机、非流线的分离，提高组织安全性和效率。

② 立体

立体化主要体现在结合轨道站点与周边地块的布局特点，通过组织地面、地下和地上等多层次空间的慢行系统，连接站点与周边地块，实现交通系统与周边建筑的高效融合，实现立体空间内各个节点的有效转换，打造可达、便捷性的慢行立体空间（图4-83）。

多元化主要体现为慢行系统的构成元素更加丰富，由传统市政道路系统为主的慢行系统，演变为"市政道路的慢行系统＋绿道系统＋地下及空中的连廊"共同构成的慢行系统（图4-84）。

所谓立体慢行系统，即立体慢行系统的打造有助于立体城市生长。从"出行链"的角度出发，从轨道车站开始，经由地下慢行空间去往建筑单体，或通过楼扶梯直达地面，去往各个目的地节点，实现客流分散（图4-85、图4-86）。

立体慢行系统的建立是城市立体化的一项重要表现。城市慢行立体化的目的不只是单纯解决步行交通的问题，它还是城市立体化发展的重要方式，基本原则是把城市公共空间界面引入地下或者抬升地上。

根据立体空间的特征，可以认为慢行交通的立体构成从空间上主要划分为四部分（图4-87）：地下、半地下（下沉广场）、地面和高架。

其中，地下慢行空间相对狭窄且造价较高，多为快速通勤使用的功能（图4-88）；

4 站城一体化（TOD）发展模式设计策略 | 137

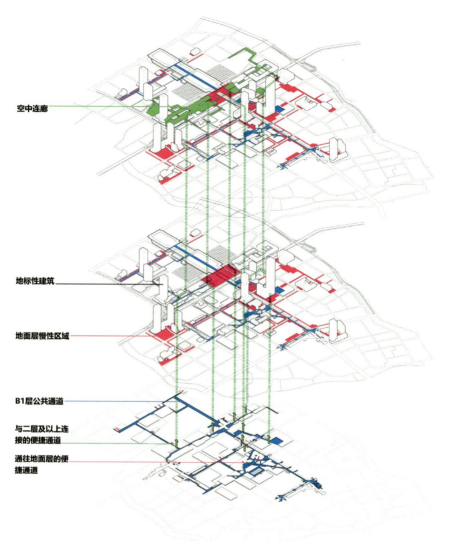

图 4-83 立体化慢行系统示意图
图片来源：作者自绘

半地下慢行空间可以看作是一种过渡的空间段，一般为商业商务中心地段局部与地下打通的形式，也是在地价较高的地方建造提升环境品质空间的最佳方式（图 4-89）；地面慢行空间的优势在于阳光充足，造价较低，更开敞的空间有助于提升使用率（图 4-90）；高架层一般为天桥式，或为与周边建筑联系的二层空间连廊，优势是在地面有充足阳光，造价低，更经济（图 4-91）。

对于 TOD 背景下轨道站点周边的慢行系统而言，地面交通为主连续面，连续性强。而在靠近地铁站地段，地面空间连续性相对较弱，在这种情况下，可以通过地下空间加强与周边地块的快速联系。远离地铁空间由于本身与地下空间联系并不发达，加上地下空间造价高，在这类地区则主要考虑通过高架层步行系统的建立，增强与周边建筑的联系性。

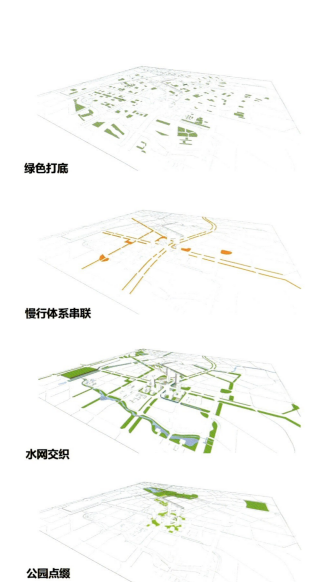

绿色打底

慢行体系串联

水网交织

公园点缀

图 4-84 多元化慢行系统的搭建
图片来源：某 TOD 城市设计项目

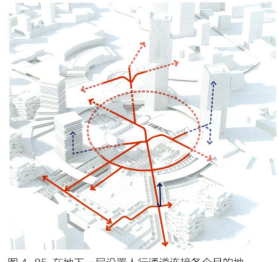

图 4-85 在地下一层设置人行通道连接各个目的地
图片来源：作者自绘

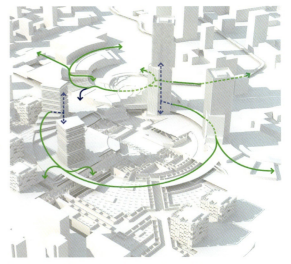

图 4-86 在地上二层设置人行及骑行连廊
图片来源：作者自绘

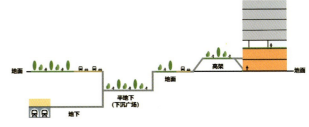

图 4-87 立体慢行四种交通空间分布示意图
图片来源：作者自绘

4 站城一体化（TOD）发展模式设计策略 139

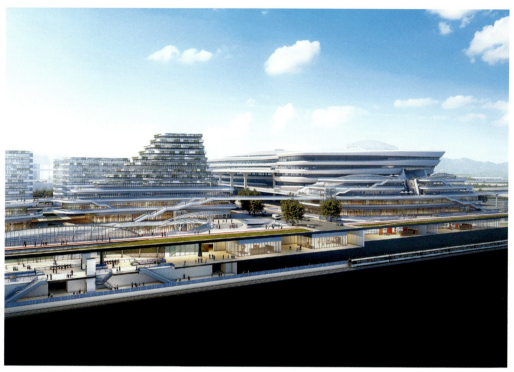

图 4-88 地下慢行空间效果图
图片来源：作者自绘

图 4-89 半地下慢行空间效果图
图片来源：作者自绘

图 4-90 地面慢行空间效果图
图片来源：作者自绘

图 4-91 高架慢行空间效果图
图片来源：作者自绘

4 站城一体化（TOD）发展模式设计策略 | 141

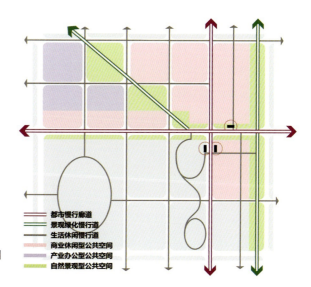

图 4-92 某站慢行系统规划示意图
图片来源：作者自绘

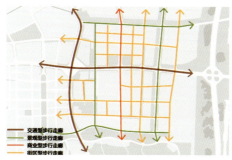

图 4-93 某站按服务功能分级化慢行系统示意图
图片来源：作者自绘

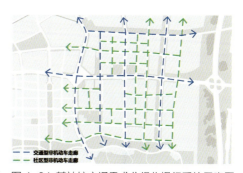

图 4-94 某站按交通需求分级化慢行系统示意图
图片来源：作者自绘

③ 协同

慢行交通系统是综合交通系统的重要组成部分，从宏观、中观和微观三个层面，需要与不同层级的系统实现有效协同，方可发挥实现慢行系统的效用。

宏观层面，主要体现在与城市级、区域级道路网系统、绿道系统的整体协同。TOD站点周边区域的慢行系统需要以城市级、区域级的城市功能布局、交通系统布局为依托，在遵从上位规划的基础上，结合站点区域的特色进行优化（图 4-92）。

中观层面，主要体现在与站点一体化片区城市功能和交通系统的协调。结合片区用地功能，尤其是慢行交通需求和服务功能，构建分级化的慢行系统（图 4-93、图 4-94）。

步行系统：

交通型步行走廊，满足居民通勤通学购物需求，保证城市道路两侧人行系统的连续性和完整性，网络安全、便捷、舒适、高效。

景观型步行走廊，满足热点区域、居住区的宜人步行出行需求。

商业型和街区型步行走廊，串联商业区、开敞空间等资源点。

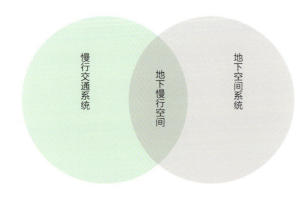

图 4-95 地下慢行空间是串联各功能的有效载体
图片来源：作者自绘

非机动车系统：

交通型非机动车走廊，是服务居民通勤通学购物需求的主廊道，一般依托干路系统的两侧设计。在规划上，需要确保非机动车系统的安全性、连续性和完整性。尤其是对于有路侧停车需求的路段，需要确保在空间上满足最低非机动车安全通行空间。

社区型非机动车走廊，是服务于非机动车出行终端的次要廊道，其规划要求是与交通型廊道的有效衔接。

非机动车停放区：

建议集中和分散结合布置。一般情况下，人行道宽度低于 2.5m 的，禁止设置非机动车停放区位，同时结合部分沿街建筑可以在建筑体地块内或建筑体退红区域供公众通行部分，在不影响车辆、行人正常通行情况下，可设置非机动车停放区位。

微观层面，在 TOD 站点周边，慢行交通系统需要与地下空间系统实现有效的协同。地下空间中供步行或非机动车通行的空间也是慢行交通系统的重要组成部分。

一般而言，地下空间可以集成交通空间、商业及办公等功能空间、公共空间、市政空间等功能，由于其功能的丰富性，使其可以基于功能布局、客流构成、主流向等，实现空间的有效连通。其中，地下慢行空间作为交通空间的重要组成部分，是串联各功能空间的有效载体（图 4-95）。

在规划设计时，两个系统需要在总体布局、活动需求等方面实现协同，实现空间的集约布置。

4.3.5 慢行交通系统的关键工程技术

（1）慢行系统连贯性的保障技术

站城一体化开发中，站点周边的慢行系统往往存在于地面层、地下层、架空层等多种标高下，并存在于各层慢行系统的转换。

与地下站点相衔接的慢行系统往往结合地下空间同步规划设计，在实施与运营管理阶段尽可能保障地下空间在多家产权单位之间互通，则慢行系统的连贯性随之形成。

4 站城一体化（TOD）发展模式设计策略 | 143

图 4-96 东京站加宽斑马线
图片来源：作者自摄

在架空层通过大平台或连廊的组织，亦可实现慢行系统的连贯性。空中连廊往往与建筑的结构相互独立，则需在连廊与建筑主体相接处保留适当的伸缩缝并覆以垫层使表面平整通畅；依附于建筑结构的空中连廊则一般采取滑动连接或设置粘滞阻尼及限位系统的弹性连接，通过支座传递自重和竖向地震力。

相比布置于地下层或架空层，地面慢行系统受到车行交通的影响，需采取必要的措施以保障系统的连贯性。主要包括地面平交过街方式、立交过街方式。

平面过街设施：在车行交通流量不大的路段，可配合交通信号灯设置人行横道、安全岛；在过街人流量极大的路段，可加宽、斜交人行横道（图 4-96）。

立交过街设施：立体过街设施可实现人车分行，往往成为保障慢行系统连贯性与安全性的更优选项。随着行人路权重新受到人们的重视，目前在一些城市核心区已有通过车行道入地的方式实现人车分行与地面慢行系统的连贯性。但在建成区，车行道入地往往需要市政管线随之改造，实施难度大，在多数情况下往往采取过街天桥或地下通道的方式。为实现无障碍通行，立体过街设施应同时设置楼梯、坡道或垂直电梯。

（2）慢行系统舒适性的保障技术

对于室内慢行系统，其舒适性往往取决于其空间环境品质。在工程技术上，应符合现行国家标准与行业规范的要求，并可关注适当引入自然通风、采光来营造怡人的室内步行环境。

对于户外慢行系统，设置遮蔽设施实现慢行系统避雨、遮阳，可提升慢行系统舒适度，并使慢行系统在恶劣天气下依然发挥作用。慢行系统的遮蔽设施，可与建筑底层架空空间结合设置，如我国南方的骑楼建筑；也可为慢行空间设置单独的遮蔽设施，封闭式遮蔽设施多用于建筑物之间的连廊与通道等局部地段；依托城市绿道、步行道形成的慢行交通系统，则通常利用树木作为遮阳设施，并在路段沿线一定距离内设置"驿站"提供休息与遮蔽设施。

（3）慢行系统生态性的保障技术

地面慢行系统往往结合城市绿地、广场、步行街布局，兼具交通功能和生态绿色廊道功能。为促进慢行系统发挥生态效益，可采取部分典型工程技术，实现低影响开发等生态雨洪管理技术。

与慢性系统结合的生态雨洪管理技术一般包含：生态植草沟、下凹式绿地、雨水花园、绿色屋顶、透水路面。

生态植草沟、下凹式绿地、雨水花园均可结合慢行系统建设，主要技术要求为：绿地平均高程低于周围地面 10～20cm，引导周围硬质地面的雨水径流进入绿地中，一部分入渗地下，多余径流溢流进入下一步的处理设施或接入雨水管网中。

透水铺装通过使用具有透水特性的材料铺设，如透水砖、透水混凝土、嵌草砖、鹅卵石、碎石铺装等，促进降水直接下渗、减少地表径流、补充地下水。

当慢行系统下方有地下空间开发时，为实现地面生态性，需关注预留足够覆土深度以满足树木栽植需求；并可结合地下空间设置调蓄水池用于收集下渗、溢流雨水，经过滤处理后可用于浇灌、冲厕、景观用水等，发挥雨水综合利用的生态性优势。

4.4 站城一体化（TOD）发展模式主要制约因素

轨道站点周边土地权属及相关体制机制是我国站城一体"TOD"开发的两大主要制约因素。

（1）土地权属多样

我国土地所有及使用制度决定了轨道站点周边土地权属存在多样性。根据最新版《城乡规划法》[59]，我国国有土地使用权获取方式主要包括行政划拨及出让（招标、拍卖、挂牌、协议）两种方式。当轨道站点周边用地权属存在差异时，由于土地使用权获取方式不同，土地获取成本、收益等经济属性便存在显著差异，这直接导致了不同权属用地调和难度较大。

（2）体制机制

投资建设管理分离，投资、建设、运营单线作战，缺乏 TOD 一体化整合发展的动力。

5

站城一体化设计
的详细解析

5.1 策略一：多向收集 深入解读
5.2 策略二：系统分析 精准定位
5.3 策略三：定位导向 交通引领
5.4 策略四：多站协同 网络布局
5.5 策略五：多维统筹 地下营城
5.6 策略六：上下协同 生长之城
5.7 策略七：模式构建 多网合一
5.8 统筹兼顾 合理调整规划用地

本章节是结合对某项目城市设计（以下简称 C 项目）这一案例的详细分析解读，来具体阐述如何进行站城一体化项目的设计，重点讲解站城一体化设计中的内在技术逻辑关系（图 5-1）。

"站城一体化"的实质目标是让交通、空间、产业协同，与地区发展目标形成耦合关系，这样实现交通设施"站"与城市承载"空间"的一体化。在分析交通优势、梳理城市资源、研判发展目标的前提下，确立产业定位。并以定位为引领，强调综合交通协同、地上和地下空间协同、交通与业态协同、蓝绿网与慢行协同等。而要实现站城一体化的复合协同目标，其设计的核心思想必须是系统化、一体化思维，在打破专业、管理界面的基础上，更加重视各专业、各部分之间的良好互动与相互协调，充分分析考虑各要素之间关系以及各要素背后的影响因素，以系统思维提升城市价值，形成规划成果。

C 项目是以某城市大铁火车站为核心，集大铁、地铁等主要交通工具于一体的商务片区，规划面积约 5km^2，未来将成为城市北部的区域新标杆（图 5-2）。

道路：C 项目基地被三条城市主干路穿过，分别为人民北路、一环路及二环路。交通极为便利。其中，人民北路向南与市中心连接；一环路及二环路东西向连系城市各片区。

大铁线路：本站是地区铁路客运枢纽，多条国铁电气化干线在此交汇，区域范围内交通四通八达。

地铁线路：现有地铁 1 号线贯穿城市南北中轴、7 号线环形连接城市中心各片区；未来城市轨道网规划将在 C 项目基地新建 2 条地铁普线（5、6 号线）和 1 条机场快线（18 号线）。未来 C 项目基地将形成"1 个国际铁路枢纽 +4 条轨道普线 +1 条机场快线 +3 换乘站"的格局，轨道交通资源优势明显。

水体：2 条河流于东南西三面包覆基地，为基地提供重要的景观资源禀赋。

C 项目基地内可开发用地总面积约 182hm^2（2730 亩），主要分布于基地的北部、东部、西南部。

本部分将通过七大策略，实现站点周边地区的资源梳理、定位布局、交通组织、景观落位，最终实现一体化统筹发展。

（1）"多向收集，深入解读"：站城一体化规划设计，既要适当承接既有总体定位，又要结合区域轨道交通资源、区域特点，实现 TOD 理念规划。因此需要充分收集用地、交通等的规划及现状资料，并进行深入解读。

（2）"系统分析，精准定位"：要充分按照 TOD 发展理念，对相关资料、信息进行系统分析，结合区位、交通、总体规划提出研究区域精准定位。交通、空间、业态是为定位服务的。

（3）"定位导向，交通引领"：要以轨道交通为引领，并以实现定位目标为导向，做好综合交通匹配，以带动地区产业、空间协同发展。

（4）"多站协同，网络布局"：要有宏观视野，系统思维，整体看待区域各站间协同关系，并关注站点轨道沿线重要枢纽、重要活动节点。

5 站城一体化设计的详细解析 147

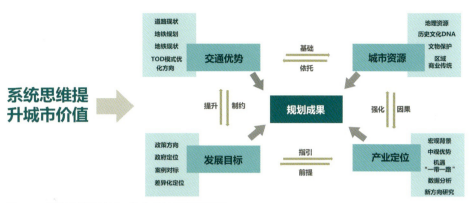

图 5-1 系统思维下站城一体化设计思维逻辑图
图片来源：作者自绘

图 5-2 案例项目基本情况
图片来源：作者自绘

（5）"多维统筹，地下营城"：站城一体化要充分发挥地下空间价值，并依托地下车站做好地下空间系统复合开发、利用。

（6）"上下协同，生长之城"：注重地上、地下一体谋划，形成依托地下空间生长出来的城市。

（7）"多网合一，模式构建"：依托轨道交通构建 TOD 慢行网络，并以慢行网将区域蓝绿网、公共服务设施系统、购物娱乐流线等串联，实现以居民行为模式为基础的站城一体化设计。

5.1 策略一：多向收集 深入解读

对于站城一体化规划设计，区域发展定位及片区功能布局决定项目区位环境、上位规划、现状资源等要素，因此需要通过对上述条件的多维度深入分析，梳理区域发展条件与机遇、上位规划的核心要素、项目基地的优势资源和问题短板等自身特征，研判区域功能定位及布局工作夯实资料信息基础，引发深入思考。

5.1.1 依托区位解读 紧握区域机遇

区位因素决定着项目基地的发展机遇与条件。因此，在以 TOD 理念进行站城一体化规划设计时，必须首先从区位分析入手，着重从城市整体发展战略及周边环境资源两个角度寻找发展机遇与条件，并予以妥善利用。

一方面，基于区位，依托城市不同区域之间的功能划分，可以研判项目基地在城市整体发展战略中的基本定调，为其未来整体发展方向作出指引。

另一方面，基于区位，通过对其周边环境的梳理，厘清可以为项目带来人流、物流、资金流的景观、园区等周边资源，并建立项目与这些资源的联系，将站点片区开发更好地同周边的城市功能、产业和基础设施网络结合起来，以形成项目与周边环境的良性互动。

> 在 C 项目中，依托其区位，从城市整体发展战略及周边环境资源两方面寻找发展机遇条件。在城市发展格局中，项目基地是城市发展战略中推动"中心城区优化"的重要载体，同时周边的景观资源也是项目基地的一大重要发展条件。
>
> 首先，通过对城市整体发展战略的解读，发现项目基地具有明显的区位优势，位于"中心城区优化"区域[60]，也是城市发展主轴一大重要节点，未来势必成为城市功能优化区及核心功能主要承载区的重要组成部分。
>
> 其次，通过对周边环境的梳理，发现东西两侧的河流及其绿带是两大优质景观资源，可以考虑后期利用其来构建蓝绿网络，打造休闲游憩空间。

5.1.2 落实上位规划 凝练核心要素

上位规划及相关规划是项目基地未来发展方向的直接指引，可以为合理确定站点周边开发建设的规模、边界、功能定位、产业体系、交通发展、空间布局等提供依据。

在 TOD 站城一体化项目的规划设计中，通过对上位规划及相关规划相关内容的解读，一方面，需要着力推动已批复规划中核心要素的落地落实；另一方面，也要认真审视上位规划及相关规划的合理性，并对不合理之处及时做出弥补与调整。

TOD 站城一体化项目的上位规划及相关规划包括城市总体规划、分区规划、交通规划、地下空间规划、控制性详细规划、国民经济和社会发展五年规划纲要以及其他相关近期已批复规划等。TOD站城一体化项目的规划设计中需要对以上这些上位规划相关规划中，对项目基地的总体定位、产业、道路、轨道交通、预留发展空间等相关内容作出的安排进行重点分析解读。

> 在C项目中，重点对城市的分区详细规划中项目基地的发展定位等相关内容进行解读，可以发现项目基地未来为枢纽型商业商务中心。
>
> 分区详细规划[61]提出打造"两轴两廊一核三片"城市空间结构，本项目位于"地区商务核"上（图5-3）；同时提出构建五大特色新商圈，属商业商务集聚区，定位为全国领先的以轨道交通引领城市发展的枢纽型商业中心。
>
> 总体来说，上位规划对本项目基地的未来发展定位明晰，为全国领先的以轨道交通引领城市发展的枢纽型商业中心，以商业商务功能为主。未来，通过TOD站城一体化的开发利用，着力形成特色高端商业商务功能的承载与集聚。

5.1.3 梳理资源优势 挖掘问题短板

现状资源梳理是规划设计的一项重要基础性工作，TOD站城一体化项目具有技术难点多、规划实施性要求高等特点，更需要对现状资源进行深入挖掘，以便寻找项目优势特色，切实解决现状问题，也为总体规划设计工作中的功能布局优化、空间结构塑造、交通系统规划、产业体系构建等提供充分的依据。

以TOD理念进行的站城一体化规划设计以形成轨道交通与城市功能的融合为目标，因此在进行现状资源梳理时，应对项目的轨道交通资源进行重点分析，同时关注现状用地、既有产业、既有建筑、文化遗址、水体绿化等要素。

> 在C项目中，面对这样一个融合了交通组织、产业升级、地下空间整合、文化再生等多项核心议题的设计任务，必须先从对现状交通系统的分析入手，梳理现状用地资源，找寻既有产业基础，深入挖掘文化、建筑、景观等方面的独有特征，核心目的是找到痛点难点并予以切实解决，同时也发掘利用现有资源以打造空间特色、发展优势产业，为总体规划设计工作奠定扎实基础。
>
> 首先，分析其现状交通系统，重点明晰对外交通、内部交通、轨道交通等方面的问题，以在后期规划设计工作中予以重点考虑并解决。
>
> 关于对外交通，基地依托城市的环形放射状骨架路网，实现片区便利对外交通联系（图5-4），但也造成过境交通压力，因此后期必须考虑解决过境交通与基地对外交通的冲突。
>
> 关于内部交通，受铁路线的影响，基地在南北两侧联系不畅（图5-5），

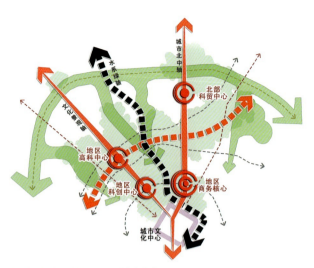 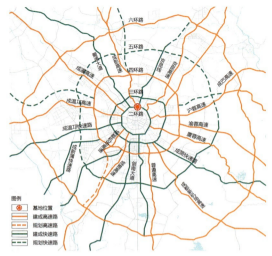

图 5-3 项目周边空间结构规划图　　　　　　　图 5-4 基地对外交通现状图
图片来源：作者自绘　　　　　　　　　　　　图片来源：作者自绘

因此后期应加强基地内部南北交通的连续性。

关于轨道交通，基地内有 1 个国际铁路枢纽 +4 条轨道线路 +1 条机场快线 +3 个换乘站（图 5-6），轨道交通资源优势明显且客流承载能力充足，接驳换乘便利，但站点覆盖范围有限，对核心项目服务不足，因此后期应着重考虑增强周边与站点间的公交和慢行连接。

其次，分析其现状用地布局，重点关注现状用地类型及布局形式，是否满足 TOD 的土地混合利用、圈层式布局等特点。基地内现状用地以居住、商业为主，具有一定混合度，但布局较为分散，聚集度低，且与车站枢纽的关联性不强，未形成以车站枢纽为核心的圈层式布局。但是整体来看，可利用或改造土地资源丰富，尚有一定的开发潜力。

再次，分析其既有产业基础，着力挖掘项目基地内部的优势产业和潜力产业，为构建特色产业体系提供依据。基地内以传统商贸业为主，层次低，亟待业态升级和品质提升，同时具备一定的轨道交通研发主体和创新实力，但尚未体现产业乘数效应。因此后期应以优势和潜力产业为依托，形成其独特精准的功能定位及产业体系，避免出现千站一面及同质化竞争的局面。

最后，分析其文化、建筑、景观等其他特色元素，以充分发挥其自身资源禀赋及优势，为打造特色空间体系提供依据。一方面，基地内的河流已有 2300 年的历史，沿线形成了浓厚的水运文化，被称为"水上黄金通道"。另一方面，依托火车站，基地内聚集了多家铁字号企业及单位大院，形成了丰

5 站城一体化设计的详细解析 | 151

图 5-5 基地内部交通现状图
图片来源：作者自绘

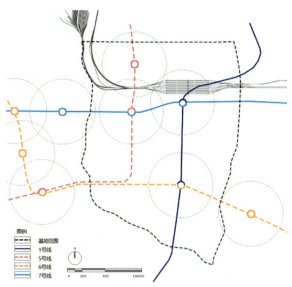

图 5-6 基地轨道交通现状图
图片来源：作者自绘

图 5-7 基地现状建筑风貌图
图片来源：作者自绘

图 5-8 基地文化元素分析图
图片来源：作者自绘

厚的铁路文化。而且，基地内存有大量苏式红砖建筑以及建筑围合的内院（图5-7）。因此后期应考虑利用水系、铁路、老旧片区等区域资源优势，充分依托水运、铁路、建筑等独具特色的文化脉络（图5-8），打造特色空间体系，提升场地辨识度。

5.2 策略二：系统分析 精准定位

区域发展定位及片区功能布局直接引领区域未来产业、空间、交通等核心要素的发展方向。因此在TOD站城一体化项目中，依据上述对区位、上位、现状等内容的分析，确定项目整体发展定位以及各个分区的功能布局，才能进一步开展业态引入、交通组织、地下空间开发、多功能网络构建等。

5.2.1 明晰区域发展定位

区域发展定位是由外部条件和自身条件共同决定的。外部条件即政策背景、上位规划及相关规划等给项目基地带来的发展机遇，自身条件即项目基地既有的功能和产业特征。通过对外部条件和自身条件的充分解读，可以科学研判区域发展定位。

首先，对外部条件进行解读。在成都国际贸易升级、成德绵重装制造业转型、川北国际旅游新门户打造、川北区域消费水平提档等发展机遇下，项目基地必然在促进蓉欧国际贸易、成德绵制造业、川北旅游业、区域消费等各功能产业升级中发挥重要作用。第一，"一带一路"国际平台以及蓉欧快铁国际通道的搭建将助力成都国际贸易升级，也为项目基地的产业转型带来重大机遇。第二，成德绵重装产业面临升级，项目基地原有的轨道交通及相关产业将迎来融合和创新发展。第三，成都北站连接四川三大旅游区，是川北国际旅游新门户。第四，借助中国西南地区及川北市场消费水平升级，项目基地高端多元消费也将溢出共享（图5-9）。

其次，对基地自身条件进行解读。成都北改政策下释放的充足土地资源、强大的轨道交通产业和技术基础、现代化的区域商贸平台、集散能力超群的铁路枢纽是项目基地未来发展的优势条件。第一，项目基地是成都北改的核心地区，这一政策将促进项目基地土地资源释放。第二，项目基地具有强大的轨道交通产业和技术基础。第三，项目基地内中国西部最大的内贸市场荷花池市场正在提档升级进程中。第四，升级中的火车站将进一步提升枢纽集散能力，为项目基地带来更大的人流、物流、资金流。

综合研判发展机遇及基地条件，项目基地发展定位为"一带一路"国际贸易中心、中国轨道交通产业创新枢纽、西部国际旅游服务门户、川北时尚商贸创新基地。

5.2.2 细化片区功能布局

进行片区功能布局时，应注意充分发挥既有的优势和潜力产业基础，并衔接落实上位规划相关要求，同时也要顺应市场趋势，形成具有特色而又着眼未来的精准化定位，避免"千站一面"的局面出现。

首先，以市场趋势为指引，洞察产业行情。近年来，一方面创新驱动成为全球经济增长主动力，另一方面经济新常态下消费需求向个性化、多元化、定制化转变。科技创

5 站城一体化设计的详细解析 | 153

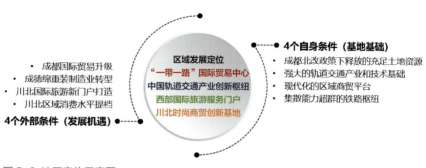

图 5-9 地区定位示意图
图片来源：作者自绘

图 5-10 基地总体功能布局图
图片来源：作者自绘

新和多元消费成为产业发展的两大重要驱动。

其次，以上位规划为基础，获悉红利产业。项目基地所在城市明确构建生产、服务、消费一体的产业生态圈，指出轨道交通是未来产业发展的五大优势之一；项目基地所在地区的产业规划中，现代商贸、轨道交通、都市旅游均是重要的支撑和特色产业。因此，在上位规划的引领下，商贸、轨道交通、旅游将成为项目基地未来的红利产业。

再次，以区域整体发展定位为根本，把握片区功能的发展方向。项目基地总体定位为"中国轨道交通产业创新枢纽、西部国际旅游服务门户、川北时尚商贸创新基地、'一带一路'国际贸易中心"，因此进行片区功能细化时也一定围绕轨道交通、旅游、商贸、国际贸易等展开。

最后，以基地基础为核心，强化产业及功能落地。项目基地及周边有中国西南商贸枢纽荷花池市场，以及众多轨道交通科研及设计机构，商贸产业和轨道交通设计产业构成项目基地的两大产业基础。

综上所述，顺应市场趋势，衔接上位规划，继承整体定位，立足产业基础，构建以总部经济为主导的4大功能板块即轨道交通设计及衍生产业、商贸总部及时尚设计、旅游服务及数字娱乐、国际贸易与金融产业，并细化各个功能的发展策略、布局落位、核心项目等，形成"1个门户4大产业板块3条发展轴线"的功能布局模式（图5-10），建立集新生产、新服务、新消费于一体的创新产业生态圈。

5.3 策略三：定位导向 交通引领

基于已确定的项目定位，发挥已有交通资源的优势，并匹配合适的补充交通资源，为定位目标服务。以TOD理念构建的综合交通系统作为基本因素，带动周边产业与空间协同，互促发展。

首先，从对现状交通问题的梳理入手，明确交通系统规划中需要重点解决的问题；其次，通过对上位交通规划的评估，厘清上位规划交通资源，使其得到有效落实或优化调整；再者，结合对出行距离、经济发展、职住平衡等因素的考量，预测未来交通需求，确定客流类型、出行方式及出行总量；另外，对道路和轨道交通的承载力分别进行分析，以选择适宜的交通组织策略；最终，通过上述一系列分析，核心目的是统筹规划交通系统，对交通目标、交通结构、交通功能、立体慢行、公共交通等进行重构。

5.3.1 梳理现状交通资源

交通系统规划应以定位为导向，从现状出发，切实提升片区交通条件。因此需要对对外道路、内部道路、轨道交通等进行全面分析。这也是TOD站城一体化项目中现状资源梳理的一项重点内容。

> 在C项目中，对其现状交通系统的分析已在上述梳理现状资源这一节中有所阐述。总体来看，过境交通干扰、铁路南北两侧阻隔、断头路多、站点覆盖范围有限等成为主要问题。

5.3.2 评估上位交通规划

评估上位交通规划，一方面为了厘清上位规划交通资源，为交通系统规划作出指引；另一方面也为了结合项目实际情况对上位交通规划中的欠合理部分进行调整。

> 在C项目中，通过对上位交通规划的评估，发现其对轨道交通定位合理，但对现状道路交通问题解决较少，具体分析如下。
>
> 关于轨道交通，在项目基地范围内，现状有1、7号线，根据上位规划，未来将有5、6、18号线，轨道交通将成为服务区域出行的重要交通方式。
>
> 关于道路交通，上位规划中对现状道路交通问题关注较少，对外交通受过境交通干扰、内部道路联系不畅等问题依然存在（图5-11）。
>
> 因此在交通规划中应大力发展轨道交通，但同时也需要着重考虑解决过境交通干扰以及部分片区南北向和东西向贯通道路缺失的问题。

图 5-11 上位规划交通图
图片来源：作者自绘

5.3.3 预测未来交通需求

根据对现状资源的梳理和上位规划的解读，以及对出行距离、经济发展、职住平衡等因素的考量，确定客流类型、出行方式及出行总量，为进一步确定交通组织策略等提供依据。

> 在 C 项目中，通过分析发现客流主要包括过境客流、枢纽客流、基地客流三种类型，因此需要对这三大部分的交通需求进行预测（图 5-12、图 5-13）。
> 首先，根据对现状过境交通量的调查，结合中心城发展趋势、片区净化过境交通的发展需求，进行过境交通需求预测。
> 其次，以火车北站规划年的旅客发送量为基础，结合接送客比例，进行枢纽交通需求预测。
> 最后，搭建 TransCAD 交通模型，综合考虑人口（居住和就业）和生成率计算指标，进行基地开发用地需求预测。

5.3.4 分析交通承载能力

对道路和轨道交通的承载力分别进行分析，一方面可以根据计算出的交通承载力有效布局城市用地开发强度，实现交通资源配置与用地开发的互动；另一方面可以依据对二者承载力的判断，来选择适宜的交通组织策略。

（1）道路交通承载力分析

根据基地内各片区的用地性质、建筑面积、出行率等指标，可以计算得到基地出行

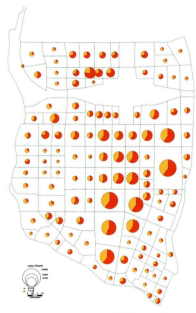 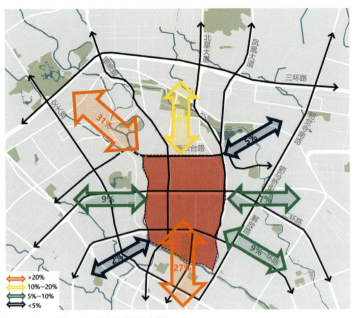

图 5-12 基地出行生产总量示意图
图片来源：作者自绘

图 5-13 基地出行需求空间分布图
图片来源：作者自绘

总量。基于道路网布局，可以获得道路交通供给量。采用交通需求总量／道路供给量可以判断道路交通承载能力。

$$\text{交通需求量／供应量} \begin{cases} 0 \leqslant X < 0.5 & \text{需求有余} \\ 0.5 \leqslant X < 0.75 & \text{开发规模合适} \\ 0.75 \leqslant X < 1 & \text{开发规模略高} \\ 1 \leqslant X < 1.5 & \text{开发规模较高} \\ \geqslant 1.5 & \text{开发规模过高} \end{cases}$$

在 C 项目中，经测算，在对规划路网局部调整后，整体路网的承载力为 0.85，不同分区的交通承载力如图 5-14 所示，整体来看区域中道路交通的承载力不足。

分析原因，道路资源有限且过境交通占比高，加之铁路线的切割阻断以及铁路枢纽区域的复合功能，造成道路交通承载力不足。小街区密路网可以适当提高道路交通承载力，但重要的是需要充分发挥公共交通和慢行交通的作用。

（2）轨道交通承载力分析

轨道交通是提升重点交通承载力的主体。通过对区域内所有地铁站点覆盖范围的分析，可以对轨道交通承载力作出一个大致判断，进而明晰在发展轨道交通的背景下，未来重点是只需构建内部人行及自行车等慢行系统，抑或还需配合地面公交及高架中运量轨道交通等。

5 站城一体化设计的详细解析 | 157

图 5-14 基地分区域道路交通承载力分析图
图片来源：作者自绘

图 5-15 以"轨道+慢行"为主的交通组织策略
图片来源：作者自绘

图 5-16 以"轨道+慢行+辅助公交及高架中运量轨道"为主的交通组织策略
图片来源：作者自绘

具体来说，地铁站点周边 500m 范围内为步行适宜区域，人流活动密集，一般认为地铁站点的服务半径为 500m。因此以区域内所有地铁站点为圆心，以 500m 为半径，即可得到所有地铁站点服务范围。

若所有地铁站点服务范围能够覆盖整个区域，则认为轨道交通在整个区域的交通系统中已可以发挥重要作用，后续需要重点完善优化内部慢行系统，形成以"城市轨道交通+立体慢行系统"为主的交通组织策略（图 5-15）。

若所有地铁站点服务范围不能完全覆盖整个区域，则认为轨道交通在整个区域的交通系统中若要发挥重要作用，后续还需要在地铁站点覆盖的核心区域与未覆盖的其他周边区域之间结合需求而合理设置相互连通的公共交通，如高架中运量轨道交通、BRT、地面公交等，以加强整个区域的可达性及重要片区间的联系，形成以"城市轨道交通+立体慢行系统+辅助地面公交及高架中运量轨道交通"为主的交通组织策略（图 5-16）。

在 C 项目中，项目基地内共有 4 个轨道站点，500m 步行圈覆盖范围较广，轨道交通线路能力高，可以满足区域轨道交通出行的需求。由此判断轨道交通承载力充足，慢行系统的构建成为未来工作的重点。建立"轨道+慢行"的交通组织策略，着力通过慢行系统衔接站点及各个目的地，以更好发挥轨道交通的作用。

5.3.5 统筹交通系统规划

通过以上一系列包括对现状交通问题、上位交通规划、交通需求、交通承载力的分析，核心目标是立足现状问题、衔接上位指导、顺应未来需求，以统筹规划相适宜的交通体系。

一般来说，大部分传统铁路枢纽的道路交通承载力严重不足，需要充分发挥公共交通和慢行交通的作用。因此以轨道交通和慢行系统为主，以地面公交及高架中运量轨道交通为辅，成为枢纽区域重要的交通组织方式。其中，慢行系统的构建成为 TOD 站城一体化项目中的一大重点工作，重在打造地面层（步行道和自行车道）、地下层（地下空间）、空中层（人行天桥）等集合的立体慢行系统，建立站点同周边重要区域的紧密联系。

在 C 项目中，通过对现状交通的梳理，发现问题主要集中在道路交通层面，需要着重考虑解决过境交通干扰以及部分片区贯通道路缺失问题。因此对于对外道路，明确其外部过境和基地对外的双重功能，并合理规划外部过境交通和基地对外交通两个对外交通圈层（图 5-17）。对于内部道路，向西贯通赛云台路以实现东西向的畅通，并新增 2 条南北向道路以实现铁路两侧南北片区的连通（图 5-18）。

同时通过对未来交通需求的预测和对交通承载力的分析，发现本区域交通具有"枢纽交通+城市交通"的双重特性，客流量大且集中，但是道路资源有限，因此必须充分发挥好轨道交通的承载力，并辅以公交和慢行的有效组织和接驳，构建"轨道+公交+慢行"为主导的交通策略，实现枢纽和区域交通的顺畅组织。其中，对于慢行，在 500m 步行圈内，沿最便捷径形成地下慢行系统，结合地面滨水慢行系统，连通为向整个片区辐射的慢行系统环路。对于公交，构建三个层次的公交体系：干线公交服务于火车北站的长途客运；普线公交服务于基地对外较长距离的公交出行；公交专线服务于重点区域及社区公交接驳服务（图 5-19）。

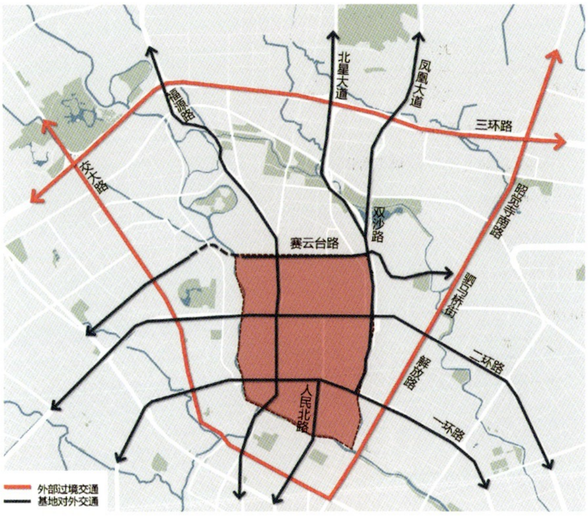

5 站城一体化设计的详细解析 | 159

图 5-17 基地对外交通规划图
图片来源：作者自绘

图 5-18 基地内部交通规划图
图片来源：作者自绘

图 5-19 基地公交体系规划图
图片来源：作者自绘

5.4 策略四：多站协同 网络布局

站城一体化的规划设计不仅聚焦于某一单独站点的布局、规划、设计、实施，更宏观的层面上，应关注该站点在线路体系中的角色、该站点在轨道网络中与周边站点的相互关系。具体可从两个层面展开讨论：第一，单条线路中站点与线路上其他站点的协同和互动关系；第二，站点与所在面状地段内与邻近站点之间的相互作用和分工（图 5-20）。

5.4.1 站线协同 功能匹配

轨道交通运量大、客流移动迅速，以其"用时间换空间"的特质，将沿线不同功能

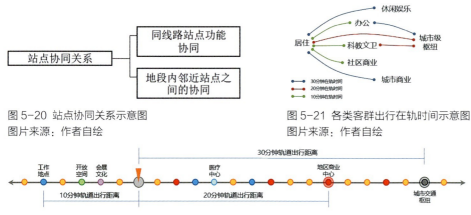

图 5-20 站点协同关系示意图
图片来源：作者自绘

图 5-21 各类客群出行在轨时间示意图
图片来源：作者自绘

图 5-22 站点在线路中的位置关系示意图
图片来源：作者自绘

大型影响点互联互动。因此站点的业态、客群分析应适当考虑所在线路重要节点的影响。基于乘客行为特征和调查，将乘客在轨时间划分为三个出行影响时间区段（图 5-21）。

在职住关系相对平衡的城市片区，10 分钟轨道出行圈层内（大约 5 站的时空距离），往往各站点之间存在较密切的互动关系，如大型居住区站点与附近的商业型站点、文化会展站点、城市开放空间站点之间存在着相互支撑关系，站点彼此之间存在较为密切的客流交换；在 20 分钟轨道出行圈层内（大约 10 站的时空距离），往往需要地区级商业中心、公共服务设施所在站点才能吸引较远站点的客流；进一步拉大时空距离，在 30 分钟轨道出行圈层内（大约 15 站的时空距离），往往只有城市级交通枢纽才有能力吸引更远距离的客流往来。

反之，在 TOD 理念的城市规划中，也宜将乘客出行时间区段与站点特色分工的理论纳入轨道网的构建之中，此理念也宜作为城市 TOD 理念规划下，实现沿线业态的合理匹配（图 5-22）。

基于上述理念，结合 C 项目的定位和特征，在研究时综合考虑了相关各条轨道线上重要的居住区、高校、科研资源，以支持本区域科创、办公业态及复合的商业业态。

5.4.2 片区统筹 多站联动

当一个城市、一个区域在构建以轨道交通车站为核心的站城一体化时，既要重视轨道交通的强力引导、引领作用，同时又要避免将每个站点区域都打造为区域甚至城市的"中心""核心"。

从 TOD 理念及模式出发，将每个站点适度构建为一个小"中心"是有必要的，至少是"社区中心""区域活动中心"。但为确定某站点承担何种级别的区域中心职能，

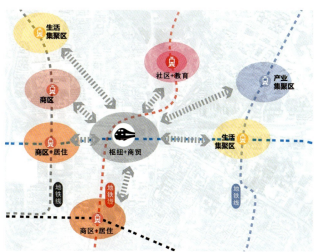

图 5-23 轨道站点职能等级示意图
图片来源：作者自绘

则应在一定范围内进行多站点区域的统筹互动研究。因此，在区域站城一体化规划中，应统筹区域内各站点的职能，合理布局"中心级""核心级"站点。

> 在 C 项目中，结合站点地上功能，因大铁站点地处城市对外铁路客运枢纽，并且城市中轴轨道交通线和城市环形轨道交通线于此换乘，此站点无疑将承担起"城市级中心"的等级，承担"枢纽+商贸"职能；其周边站点则分别承担"区域级中心""社区级中心"的等级。例如，在大铁站点西南部 2 站形成"商区+居住"的混合职能，在大铁站点西北部形成"商区"职能，在相对外围形成"社区级中心"，分别承担"生活集聚区""产业集聚区""社区+教育"专项职能站点（图 5-23）。

5.5 策略五：多维统筹 地下营城

地下空间系统的构建是 TOD 站城一体化规划设计的一大难点，其中地下交通网络构建、商业开发、公共空间打造、市政设施系统搭建等是地下空间系统规划的核心内容。

首先，以站点为核心、道路为骨干，建立起地下空间交通骨架，重点考虑地下交通网络的联系强度及尺度，并以 OD 数据等作为地下交通网络调整完善的支撑。其次，依托交通网络，结合整体定位及地上空间等，进行丰富适宜而有序的地下空间商业开发，合理确定规模和业态。再次，对地下空间总体布局进行统筹规划设计，重点关注与地上空间的联系、安全且有吸引力的空间打造、高品质节点塑造等。最后，搭建地下空间市政设施系统，确保其与交通、商业等行为活动空间的有机协调。由此，实现地下空间系统规划中交通、商业、空间、设施等内容的综合统筹（图 5-24）。

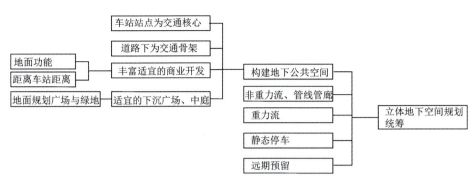

图 5-24 地下空间系统规划框架图
图片来源：作者自绘

5.5.1 构建地下空间交通网络

TOD 站城一体化项目的地下空间系统构建中，必须首先建立起地下空间交通骨架，由此才能进一步进行商业开发、公共空间打造、设施系统搭建等。

在地下空间交通网络构建中，应遵循以站点为核心、以道路为骨干的基本原则，重点考虑地下交通网络的联系强度及尺度，并以 OD 数据等作为调整完善的支撑。

首先，确定地下空间交通网络的核心与范围。地铁车站是地下空间最大的人流集散点，势必成为地下空间构建的核心。而且一般认为地铁站点周边 500m 半径范围是步行适宜区域（图 5-25），因此在此范围内构建互联互通且业态丰富的地下空间系统，将能很好地实现地铁车站与高开发强度的办公、商业之间的联系，使得利益最大化。

其次，确定地下空间交通网络的骨架。地下空间与地面规划紧密关联，其基于地面道路红线划分用地，因此道路下地下空间势必成为地下空间交通网络的基本骨架。在此基础上，结合站点及周边区域的用地性质、开发强度及地铁站客流量大小确定地下空间交通网络的联系强度及尺度（图 5-26），进而结合站点与周边区域形成的 OD 线，对地下空间交通网络进行综合调整完善（图 5-27）。

值得注意的是，地下空间交通网络的构建与地下空间开发相互影响，以站点为核心、道路为骨干搭建起地下空间交通网络骨架后，可依据地下空间开发进行动态调整。

5.5.2 匹配地下空间商业开发

地下空间商业开发是 TOD 站城一体化项目地下空间系统构建的一项重点内容。依托交通网络，结合整体定位及地上空间，进行有序的地下空间商业开发，可以充分吸引人流、提升地下空间系统的活力，发挥地下空间系统的价值。

地下空间开发规模和业态是基于区域整体定位、地面开发量与性质、地下通廊客流量、地块与地铁站距离、地下交通组织便利性等综合因素确定的（图 5-28）。

5 站城一体化设计的详细解析 163

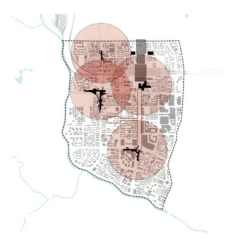

图 5-25 基地地下空间现状图
图片来源：作者自绘

图 5-26 基地地下空间交通网络骨架图
图片来源：作者自绘

图 5-27 基地地下空间交通网络规划图
图片来源：作者自绘

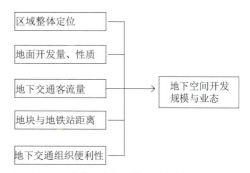

图 5-28 基地地下空间开发逻辑框架图
图片来源：作者自绘

在 C 项目中，基于地下空间开发体量及已开发程度，结合对区域整体定位及地面开发体量及功能的分析，以及对客流量和商业经验值的估算，合理研判本区域地下空间开发的规模和业态。

关于地下空间开发规模，地下商业主要布局在站前广场、北站西一巷、中央公园、主干道沿线四大片区。根据日均客流和商业经验值，确定四个地块商业规模如表 5-1 及图 5-29 所示。

关于地下空间开发业态，由于本项目总体地下空间开发体量大，且地下空间开发程度低，因此其将不仅仅是地面开发的简单配套与补充，而是将会形成与地面系统相辅相成但又自身完整的功能体系。最后将基地地下空间开发定位为多元化功能，既服务地面城市生活系统，又为配合产业链的升级而拓展地下产业功能开发（图 5-30）。

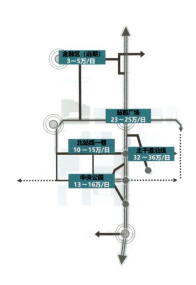 

图 5-29 基地地下空间开发规模预测分布图
图片来源：作者自绘

图 5-30 基地地下空间功能布局规划图
图片来源：作者自绘

四大片区商业规模预测 表 5-1

位置	日均客流（万人/日）		转化率（%）	消费额度（元/人）	月坪效率（元/m^2）		面积（m^2）	
	低值	高值			低值	高值	低值	高值
站前地块	23	25	15	50	600	1500	37500	86250
中央公园	13	16	10	100	600	1500	32000	65000
主干道沿线	32	36	5	50	600	1500	18000	40000
北站西一巷	10	15	5	50	600	1500	7500	12500

注：面积 = 客流量 × 渗透率 × 人均消费额 / 坪效值
　　日均客流根据规划地块功能和车站能级计算
　　转化率和人均消费额度根据大类商业（餐饮和随即消费商业消费值确定）
　　月坪效率根据二线城市一般商业经验值，2016-2017
资料来源：作者自绘

5.5.3 统筹地下空间总体布局

在确定地下空间开发规模及业态的基础上，对地下空间总体布局进行详细设计，需要重点关注与地上空间的互动、安全且有吸引力的空间打造、高品质节点塑造等。

首先，要考虑与地面功能、空间、交通组织的互动互补，形成地上地下一体化设计

5 站城一体化设计的详细解析 | 165

思维，引导人流进入地下空间。

其次，地下空间规划应特别关注空间的安全、品质、吸引力。尤其要考虑到人渴望光明的自然属性，因而要充分引入自然光，塑造符合人的舒适行为模式的地下空间。

最后，要巧用节点的设计，下沉广场、采光中庭等节点在为自然光引入创造条件的同时，又能使地下空间地面化，实现高品质地下空间塑造，给地下空间带来更高商业价值。

5.5.4 布置地下空间市政设施

市政管线及市政场站等市政设施的地下化，是地下空间系统规划的重要内容。

第一，地下综合管网将多种市政管线统一规划、设计、建设和运行管理，是未来地下市政设施系统的重要发展方向。它对于充分利用地下空间，增加土地使用价值具有重要意义，能够有效避免因功能增加或容量扩大而造成的道路重复开挖，是加强城市基础设施建设和提升城市公共服务水平的重要举措（图5-31）。

第二，除市政管线外，垃圾转运站、变电站、水厂、能源中心、供热站等市政场站的地下化近年来也得到更多的关注与实践。市政场站的地下化具有诸多优势，首先，可以释放地面空间，提升土地利用效率；其次，破解邻避效应，消除市政设施对周边环境的影响，打造"清新明亮"的城市空间，变生态负资产为正资产；最后，可以将自身排放的污水、烟气、污泥、垃圾等实现资源化综合利用。

值得注意的是，地下空间中的市政设施系统是保证城市正常运行的"生命线"工程，必须做好市政设施系统与地下交通网络、地下商业开发等活动空间的有机协调。例如，为了使重力流管线避让地下空间开发，保证浅层人的行为活动空间的正常开发建设与使用，可以采用"重力流管道 + 泵站提升"的方式（图5-32、图5-33）。

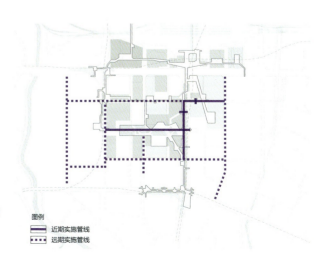

图5-31 基地地下综合管网规划图
图片来源：作者自绘

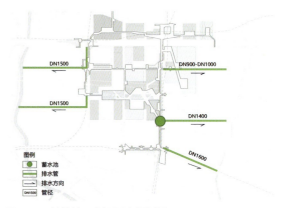

图 5-32 基地地下空间污水规划图
图片来源：作者自绘

图 5-33 基地地下空间雨水规划图
图片来源：作者自绘

5.6 策略六：上下协同 生长之城

TOD 站城一体化规划设计必须做到地上空间与地下空间的相互协同。这意味着地下空间不再仅仅是地面空间的简单配套与补充。地下空间是基于轨道交通强大运力基础上的地下交通核及与之相匹配的地下商业功能、市政管线基础设施等共同构建的一体化复合空间。地面建筑与地下空间相得益彰，应该视为地面功能从地下交通、服务功能空间生长而出，是一个有机整体。

地上空间与地下空间的协同，需要重点考虑地上与地下交通、业态、空间的互动互补，形成地上、地下一体化设计思维（图 5-34）。

图 5-34 地上、地下协同开发图
图片来源：作者自绘

5.6.1 地上、地下交通协同

地上、地下的交通协同包括两大要点，一是地上、地下各种交通方式的协调，二是地上与地下步行组织的衔接。

首先，地上、地下各种交通方式的协调，即要在地下交通方式（如地铁等）与地面交通方式（如小汽车、公交、自行车等）之间建立更强关联性，强化多元交通系统的有机结合，使得交通路线组织合理，实现便捷换乘，降低冲突，提升效能。

其次，地上与地下步行组织的衔接是交通协同的重中之重。一要强化地上与地下步行体系的连续性和便捷性，使得人们方便进出各个地块，并到达目的地。二要强化地上与地下转换节点的设置，包括位于市政路上的地下空间出入口、地铁站出入口、建筑内部的出入口等。在 C 项目中，通过流线清晰的公共通廊串起整个地上和地下区域，同时设置两种竖向交通节点，包括可直接到达地面层的节点、快速通往二层连廊及地标建筑的交通盒，由此搭建起重要的立体人行流线。

5.6.2 地上、地下业态协同

地下空间业态开发需要与地上空间业态统筹考虑，重点结合地上空间功能和通过客流特征来选择地下空间的业态。

若地上空间业态为大型商场集群，则地下空间的使用者多为休闲娱乐人群，其业态选择应以餐饮、服饰配饰、娱乐休闲等为主；若地上空间业态为商务办公集群，则地下空间的使用者多为商务通勤人群，其业态选择应以快餐、便利店、健身等为主，满足上班族人群的需求。

在 C 项目中，站前广场、北站西一巷、中央公园、主干道沿线四大片区分别结合各自的地面功能、客群构成、消费习惯（图 5-35），形成与地面系统相辅相成但又自身功能体系完整的地下空间业态开发。

5.6.3 地上、地下空间协同

地下空间建设需要与地上的环境、建筑互动，实现地上、地下空间协同发展，共同打造更具活力的复合式城市环境。

地上、地下空间协同可以从空间交叉点设计、双首层设计、空间融合设计三方面来重点塑造。

首先，空间交叉点设计即在地上、地下空间交叉节点处设置下沉广场、下沉庭院等，将阳光、空气和城市活力引入地下空间，打造舒适、安全、人性化的地下内部环境，并与地面无缝衔接。在 C 项目中，沿基地内主干道及北站西一路的地下空间设置带状下沉庭院和下沉广场，将自然光和景观绿化引入地下空间，使地下空间地面化，与周边地面

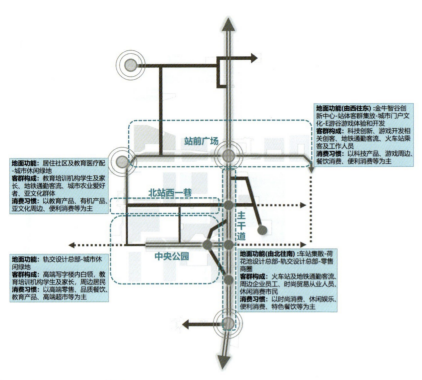

图 5-35 地上地下业态协同
图片来源：作者自绘

街区共同形成立体街区体系。

其次，双首层设计即地下步行街区与地面步行街区形成一体，使得地下环境地面化，具备地面一层的属性，增强地下与地面的使用频率和经济效益。

最后，空间融合设计即地下街从部分建筑内部穿过，在建筑内部打造良好共享空间，实现地上、地下空间的自然融合。

5.7 策略七：模式构建 多网合一

站城一体化最终目标是为区域人群构建符合"以人为本"的生活出行模式的空间。以大运量轨道交通承载对外出行需求，并依托站点集聚商业、办公、公共服务等功能，进而以此为核心编织区域慢行交通网络，并将区域绿化、水系形成的生态蓝绿网络与之耦合，同时将公共服务、商业购物、游憩娱乐等功能节点构成的人文休闲网络与之叠加。由此，基于人群在不同时段的空间需求，将慢行交通网络、生态蓝绿网络、人文休闲网络"三网合一"，实现以人的舒适、便捷的行为模式为基础的多功能网络叠合及站城一体化设计（图 5-36）。

首先，应以资源为导向，梳理场地内既有的水系、公共绿地、街道广场、文化空间、商贸空间、地标建筑等特色潜力资源作为多功能网络构建的重要支撑。其次，主要依托

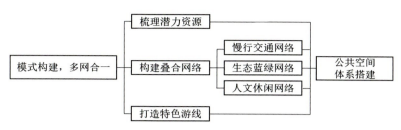

图 5-36 "以人为本"的多功能网络叠合框架图
图片来源：作者自绘

轨道交通构建 TOD 慢行交通网络，并围绕梳理出的现状及规划的景观、文化等类型要素构建生态蓝绿网络、人文休闲网络，进而通过慢行交通的串联，搭建起集成叠合的网络，塑造具有交往、休闲、休憩和展示等多种功能的活力公共空间。最后，以基地范围内同类型资源要素为支撑，通过慢行交通网络即自行车系统、步行系统的整合串联，打造特色游线，以提供极具特征的公共空间游憩体验。

5.7.1 发挥景观文化资源禀赋

多功能网络构建应以资源为导向，依托基地范围内的特色景观、文化等资源，构建历史底蕴丰厚而又绿色舒适宜人的公共空间体系。

因此，多功能网络构建应先从现状入手，仔细梳理场地内现有的可以打造公共空间的特色潜力资源。

> 在 C 项目中，通过对景观、文化等资源的全面梳理，发现西侧河流、铁路车站广场、荷花池市场等水系、绿地、广场、商贸空间是构建基地内多功能网络的重要支撑。

5.7.2 梳理人群分时活动模式

基于不同时段人群的活动需求，谋求创造 24 小时立体空间活力圈，统筹站区"多网"体系的协同。

车站核心区域在商业、办公、公共服务的复合功能中，形成轨道周边各时段的人群类型和空间需求的差异，研究各时段的人群构成模式（图 5-37），创建有魅力的地下地面公共空间。

5.7.3 搭建三位一体叠合网络

以上述梳理的现状资源要素为基础，结合规划设计形成的新的资源要素，统一整合

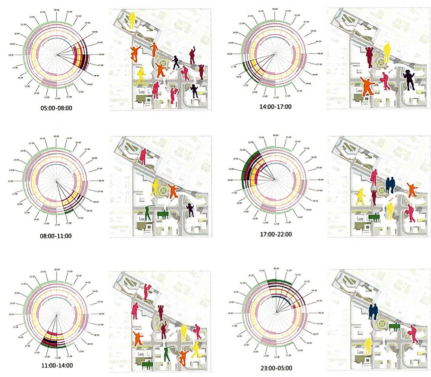

图 5-37 人群分时活动模式图
图片来源：作者自绘

特色资源，分别形成生态蓝绿网络、人文休闲网络，并通过慢行交通网络的串联，搭建起集成的多功能网络。

首先，整合公共绿地、街道广场、水系等资源，构建蓝绿交织的生态网络。其次，依托文化等公共服务设施、商业购物设施、游憩娱乐设施等，构建底蕴丰厚而又充满活力的人文休闲网络。最后，以站点周边集聚的商业、办公、公共服务等功能为核心编织区域慢行交通网络（图 5-38），沿水系、街巷等设置自行车道、步行道等，并将生态蓝绿要素、人文休闲要素等有机串联。

> 在 C 项目中，首先，利用河流水系等景观资源，构建完整多元的生态蓝绿网络（图 5-39）。其次，以火车站广场、荷花池市场等文化及商贸要素为核心，构建具有活力的人文休闲网络。最后，沿河流水系、重要街巷、社区外围等设置自行车友好示范系统，结合网络化的立体步行系统，串联景观、文化、商贸等要素，打造以人为本的公共开放空间（图 5-40、图 5-41）。

5.7.4 打造特色休憩体验游线

以基地范围内原有的生态景观、人文休闲等资源要素为基础，结合规划设计后形成

图 5-38 基地慢行 OD 期望线
图片来源：作者自绘

图 5-39 基地生态蓝绿网络规划图
图片来源：作者自绘

图 5-40 基地慢行交通网络——步行系统规划图
图片来源：作者自绘

图 5-41 基地慢行交通网络——自行车系统规划图
图片来源：作者自绘

的新的同类型资源要素，通过自行车系统及步行系统的整合串联，打造特色游线，以提供极具特征的公共空间游憩体验。

> 在 C 项目中，以生态景观、人文休闲等核心资源要素为基础，通过慢行系统的整合串联，打造黄金水道、铁路文化、活力商贸三条特色游线。
>
> 首先，以河流水系为主线，梳理贯通滨河公共绿地，增加步行景观桥以加强两岸联系，设置滨河自行车休闲骑行线路并向里生长成社区内环线，提供黄金水道深度体验游线。
>
> 其次，依托枢纽，新增旅游服务中心、路局中央公园、绿色 TOD、文化展览馆等项目，整合串联印刷厂、铁路运输学校、设计院等厂院原址，形成铁路文化游线。
>
> 另外，以升级后的荷花池市场为核心，向南延伸至城隍庙市场，向北延伸至五块石市场，形成活力商贸游线。

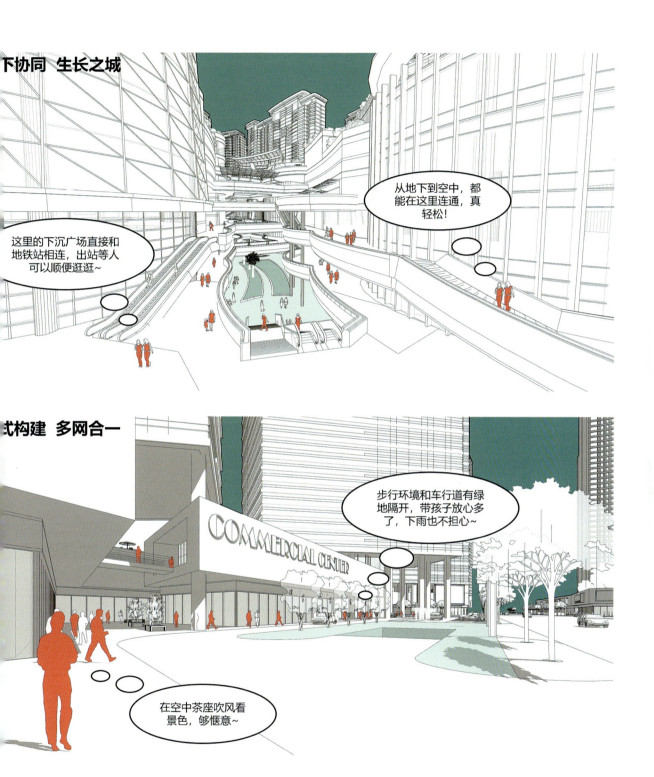

5.8 统筹兼顾 合理调整规划用地

一体化设计区域多数未给予站城一体化与 TOD 理念进行控规设计。因此，在完成一体化概念方案过程中应该对原控规进行梳理及调整，以指导及确保后期实施能实现 TOD 理念（图 5-42）。

（1）一般步骤
①梳理现状规划用地情况，了解产业发展现状及城市发展现状。
②依据当地产业规划、当地规划管理技术规定，按照不同站点级别合理调整控规。
③依据站城一体化城市设计合理调整控规。
④通过计算规划范围内的常住人口，计算商业、公共服务等功能的调整规模。

（2）调整原则
①商业服务、交通集散等城市功能向轨道站点集中布置

在遵循上位规划及相关规划要求的条件下，优化用地布局，促进功能复合化，在核心区重点集聚商业商务、交通集散等城市功能，满足站点周边居民的休闲与出行需求。同时，由于站点的级别不同，商业商务及交通集散功能的服务类型及业态也不相同，需根据站点级别合理布局商业商务、交通集散功能。

②重大功能设施及公共服务设施向轨道站点集聚

在核心区重点集聚公共文化设施、居住区级或基层社区级公共服务配套设施；在影响区主要布局体育、教育、医疗类公共设施、居住区级或基层社区级公共服务配套设施；在辐射区主要布局邻里中心与公共配套服务设施。最大化满足站点周边居民的生活服务需求。

③用地开发强度总体向站点集中布置

用地开发强度总体向站点集中，实现土地高效集约利用与轨道交通效益最大化，呈现站点核心区高，向外圈层递减，沿城市主要景观轴线形成建筑序列，在其他功能中心形成局部制高点的趋势。

核心区是高强度开发区，主要集聚商业商务功能，宜进行相对高强高密开发，结合上盖商业综合体开发形成区域地标建筑与一级制高点。

影响区是中高强度开发区，主要布局公共服务功能、商住混合功能。

辐射区是中低强度开发区，主要布局居住、公共服务配套功能。

（3）一体化设计及调规流程（图 5-43）

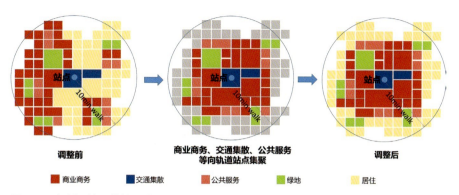

图 5-42 规划用地调整前后对比示意
图片来源：作者自绘

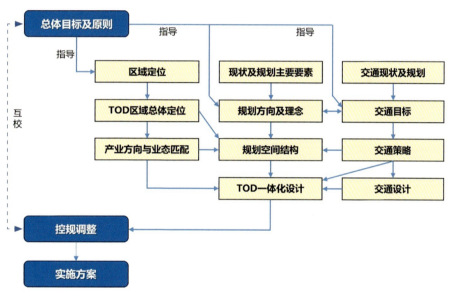

图 5-43 TOD 一体化引导的规划调整流程图
图片来源：作者自绘

附：TOD 指数评价体系

城市站城一体化（TOD）建设水平的评判和对比，已是当前学界与业界研究的热点。现已有相关机构基于空间视角利用人工智能与大数据分析手段，结合全国各拥有轨道交通城市的实践，展开相关评价和分析。

由清华大学中国城市研究院、宇恒可持续交通研究中心和北京数城未来科技有限公司组成的城市 TOD 体检工作团队，已经构建了一套城市"TOD 指数评价体系"，用于监测与评价城市轨道交通站城一体化水平。以下对该体系进行简介，以供业内同仁对"站城一体化（TOD）建设水平的评判"带来借鉴与参考。

（1）TOD 指标构建

基于数据的可获得性，该评价体系注重选取具有显示性、可量化、可比较的指标，最终以评分指数形式体现城市 TOD 模式的综合发展水平。该评价指标体系一方面从"数量"上考察轨道交通网络建设和基础设施供给情况，另一方面从"质量"上强调站点周边用地宜塑造形成高密度、多样化和精细化的紧凑式空间形态。

TOD 发展的"数量"主要体现在轨道交通设施的总体供给水平，该体系构建了由线网密度、覆盖率和客流强度等因素组成的 TOD 发展"数量"指数指标体系。TOD 发展的"质量"主要体现在轨道站点周边用地的空间模式，包括高密度、土地混合利用、步行环境、公交服务等方面。具体指标架构如图 5-44 所示。

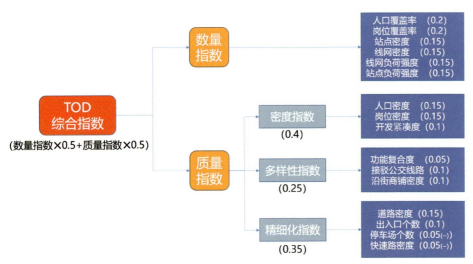

图 5-44 城市 TOD 发展模式评价指标体系
图片来源：根据《中国城市高质量发展 TOD 指数报告（2020）》绘制

（2）权重设计

研究团队结合指标信息熵法权重及专家打分法权重的基础上，进一步确定最终的权重取值，整体共 16 个基础指标，其中有 2 个负向指标，各指标权重由 0.05 ~ 0.20 不等，如表 5-2 所示。

TOD 指标编号及权重表　　　　表 5-2

分析维度	分项指数	基础指标 0.05	调整权重
数量指数 V^{quant}		轨道站点密度 0.05（个/km²）X_1	0.20
		轨道线网密度（km/km²）X_2	0.20
		轨道站点 800m 人口覆盖（%）X_3	0.15
		轨道站点 800m 岗位覆盖（%）X_4	0.15
		线网客流负荷强度（万人/km）X_5	0.15
		站点负荷强度（万人/站）X_6	0.15
质量指数 V^{qual}	密度指数 V^{dens}	人口密度（万人/km²）X_7	0.15
		岗位设施密度（万个/km²）X_8	0.15
		开发紧凑度 X_9	0.10
	多样性指数 V^{diver}	功能混合度 X_{10}	0.05
		底商密度（个/100m）X_{11}	0.10
		接驳普通公交线路数（条）X_{12}	0.10
	精细化指数 V^{design}	路网密度（km/km²）X_{13}	0.15
		快速路密度（km/km²）X_{14}（-）	0.10
		站点出入口个数（个）X_{15}	0.05
		停车场个数（个）X_{16}（-）	0.05

注：0.10 标注（-）为负方向指标。

资料来源：根据《中国城市高质量发展 TOD 指数报告（2020）》绘制

以上研究团队选择全国 31 个轨道城市进行评价，通过对基础指标进行无量纲化处理，进而形成各城市的城市 TOD 发展综合指数、城市 TOD 发展数量指数和城市 TOD 发展质量指数及排名，将城市划分为发展良好型、数量主导型、质量主导型和发展起步型。总体而言，国内轨道城市中，深圳 TOD 建设水平最为突出，东南部沿海城市的 TOD 发展水平整体优于北方城市。具体评价方式与分析结果详见《中国城市高质量发展 TOD 指数报告（2020 版）》。

本书探讨的站城一体化（TOD）选址布局、设计策略、施工技术无疑成为建设高水平站城一体化空间的基石；而评价体系则承担起站城一体化设计与实施的后期测评职责，为技术完善和设计优化提供支撑与反馈。随着站城一体化设计策略与工程技术体系的不断充实、评价体系的不断丰富与完善，未来在城市站城一体化（TOD）研究领域或将形成选址布局、设计策略、施工建设、运营管理、使用评价多位一体的系统化技术与测评体系。

参考文献

[1]（美）彼得·卡尔索普著. 未来美国大都市——生态·社区·美国梦 [M]. 郭亮，译. 北京：中国建筑工业出版社，2009.

[2]（美）彼得·卡尔索普，杨保军，张泉等. TOD 在中国——面向低碳城市的土地使用与交通规划设计指南 [M]. 北京：中国建筑工业出版社，2014.

[3] 吴放. 基于可持续宜居城市发展的 TOD 城市空间设计策略研究 [D]. 杭州：浙江大学，2014.

[4] 陈燕萍. 城市交通问题的治本之路——公共交通社区与公共交通导向的城市土地利用形态 [J]. 城市规划，2000(3):10-14, 64.

[5] 邓元媛，常江，卓轩. 近二十年国内外 TOD 研究进展综述——基于 CiteSpace 软件的可视化分析 [J]. 现代城市研究，2019(2):94-100.

[6] 马强. 近年来北美关于"TOD"的研究进展 [J]. 国外城市规划，2003(5):45-50.

[7] 任春洋. 美国公共交通导向发展模式（TOD）的理论发展脉络分析 [J]. 国际城市规划，2010，25(4):92-99.

[8] 丁川，吴纲立，林姚宇. 美国 TOD 理念发展背景及历程解析 [J]. 城市规划，2015，39(5):89-96.

[9] 王治，叶霞飞. 国内外典型城市基于轨道交通的"交通引导发展"模式研究 [J]. 城市轨道交通研究，2009，12(5):1-5.

[10] 胡映东，陶帅. 美国 TOD 模式的演变、分类与启示 [J]. 城市交通，2018，16(4):34-42.

[11] 张明，刘菁. 适合中国城市特征的 TOD 规划设计原则 [J]. 城市规划学刊，2007(1):91-96.

[12] 陈莎，殷广涛，叶敏. TOD 内涵分析及实施框架 [J]. 城市交通，2008，6(6):57-63.

[13] 陆化普，赵晶. 适合中国城市的 TOD 规划方法研究 [J]. 公路工程，2008，33(6):64-68.

[14] 李珽，史懿亭，符文颖. TOD 概念的发展及其中国化 [J]. 国际城市规划，2015，30(3):72-77.

[15] 王有为. 适于中国城市的 TOD 规划理论研究 [J]. 城市交通，2016，14(6):40-48.

[16] 陈学武，安萌. 中国 TOD 发展模式的再探讨 [J]. 交通工程，2018，18(5):1-7.

[17] 金鑫，张艳，陈燕萍，等. 探索适合中国特征的 TOD 开发模式——以深圳市地铁深大站站点地区 TOD 开发为例 [J]. 规划师，2011，27(10):66-70.

[18] 何冬华，袁媛. 轨道交通环线沿线的土地利用空间特征分析——以广州市轨道交通 11 号环线为例 [J]. 现代城市研究，2010，25(9):90-95.

[19] 魏良臣，徐彬，高文瀚. 北京市新城规划中 TOD 模式的运用研究 [J]. 建筑设计管理，

2012，29(5):48-50，55.

[20] 邵源，田锋，吕国林，等．深圳市 TOD 规划管理与实践 [J]．城市交通，2011，9(2):21，60-66.

[21] 李春香，宋彦，荣朝和．论建立适合中国城市特征的 TOD 投融资模式 [J]．综合运输，2014(2):22-28.

[22] 李森，邓卫，陈敬敏．TOD 成效影响分析与评价策略研究 [J]．道路交通与安全,2007(4):28-31，44.

[23] 陈吉发，李文权．TOD 模式效益分析及评价指标体系 [J]．城市公共交通，2007(3):26-29.

[24] 谢秉磊，丁川．TOD 下城市轨道交通与土地利用的协调关系评价 [J]．交通运输系统工程与信息，2013，13(2):9-13，41.

[25] 姜洋．基于空间视角的中国城市 TOD 模式发展水平评价 [C]// 中国城市规划学会城市交通规划学术委员会．创新驱动与智慧发展——2018 年中国城市交通规划年会论文集．中国城市规划学会城市交通规划学术委员会：中国城市规划设计研究院城市交通专业研究院，2018:130-142.

[26] 中国城市轨道交通协会．城市轨道交通 2018 年度统计和分析报告 [J]．城市轨道交通，2019 (4):16-34.

[27] 成都市规委．成都市轨道交通场站一体化城市设计导则 [Z]．成都．2018.

[28] 徐明杰．新形势下轨道交通可持续发展之路 [R]，第四届世界大城市交通发展论坛，2018，10.

[29] 王炎，黄皓彬，张浩强，等．轨道站点共构地块开发控制的亚洲经验与借鉴 [C]//2015 中国城市规划年会论文集（规划实施与管理）．中国会议，2015.

[30] 任利剑，运迎霞，权海源．基于"节点—场所模型"的城市轨道站点类型及其特征研究——新加坡的实证分析与经验启示 [J]．国际城市规划，2016(1): 109-116.

[31] 宋昀，汤朝晖．从经典式到现代式——对中国城市 TOD 规划的启发 [J]．城市规划，2016(3): 73-75.

[32] https://www.ura.gov.sg/maps/?service=STB.

[33] http://clermont.tanjongpagarsingapore.com/p/about-tanjong-pagar-centre.html.

[34] 吕北岳，刘永，胡笳．高强度开发地区轨道交通站城一体化发展策略——以深圳市前海合作区为例 [C]// 中国城市规划学会城市交通规划学术委员会．2017 年中国城市交通规划年会论文集．中国城市规划学会城市交通规划学术委员会：中国城市规划设计研究院城市交通专业

　　　　　研究院，2017:1726-1733.

[35] 覃晴．站城一体化开发理念在深圳前海枢纽的应用[J]．都市快轨交通，2015，28(4):51-56.

[36] 亚当·斯密．国富论[M]．中国华侨出版社，2012.

[37] 欧心泉．新型城镇化背景下市域(郊)铁路发展的思考[J]．中国铁路，2017(7):13-16.

[38] 中国城市轨道交通协会．2018年中国内地城轨交通线路概况[J]．城市轨道交通，2019(1):10-15.

[39] 王昊．高铁枢纽及周边发展的趋势与探索[EB/OL]．南燕规划．2019-03-11[2019-03-11]．https://mp.weixin.qq.com/s/hjywGP7LiW7BUM8D_VGXFA.

[40] 盛晖．站与城——第四代铁路客站设计创新与实践[J]．建筑技艺，2019(7):18-25.

[41] 迪特马尔．新公交城市:TOD的最佳实践[M]．北京：中国建筑工业出版社，2013.

[42] Federal Transit Administration. TOD 202:Station Area Planning- How to Make GreatTransit- Oriented Places[R/OL]. 2008[2018-05-10]. http://www.reconnectingamerica.org/resource-center/browse-research/2008/tod-202-station- area- planning- how- to- make- great-transit-oriented-places/.

[43] 住房和城乡建设部．城市轨道沿线地区规划设计导则[Z]．北京，2015.

[44] 姚圣，曾春霞．日本轨道站城协同指向型的城市开发策略和方法[J]．南方建筑，2019(3):108-113.

[45] 唐枫，徐磊青．站城一体化视角下的轨交地块开发与空间效能研究——以上海三个轨交站为例[J]．西部人居环境学刊，2017，32(3):7-14.

[46] 发改委．发改规划[2019]328号．关于培育发展现代化都市圈的指导意见[S]．北京．2019.

[47] 冯艳，黄亚平．大城市都市区簇群式空间发展及结构模式[M]．北京：中国建筑工业出版社，2013.

[48] 陈大鹏，王栋，李武胜，等．OD交通量的估计方法[J]．交通科技与经济，2007，9(5):77-78.

[49] (美)凯文·林奇．城市意象[M]．北京：华夏出版社，2001.

[50] 谭卓英．地下空间规划与设计[J]．城市住宅，2016(5):95-95.

[51] 住房和城乡建设部．GB 51298—2018.地铁设计防火标准[S]．北京，2018.

[52] 上海市人民政府．上海市城市交通白皮书[M]．上海：上海人民出版社，2002.

[53] 住房和城乡建设部，发改委，财政部．建城[2012]133号．关于加强城市步行和自行车

　　　　交通系统建设的指导意见 [S]. 北京，2012.

[54] 国务院. 国办发［2018］52号. 关于进一步加强城市规划建设管理工作的若干意见 [S]. 北京，2018.

[55] 北京市规划国土委. 北京城市总体规划（2016年—2035年）[Z]. 北京，2017.

[56] 上海市规划和国土资源管理局. 上海市15分钟社区生活圈规划导则 [Z]. 上海，2016.

[57] 漳州市城乡规划局. 漳州市中心城区步行和自行车交通系统规划(2014—2030)[Z]. 漳州，2015.

[58] 杨梅，王峰. 轨道交通站点慢行交通设施衔接规划研究 [J]. 交通与运输（学术版），2012(2):166-169.

[59] 中华人民共和国司法部. 城乡规划法 [S]. 北京，2019.

[60] 成都市规划管理局. 成都市城市总体规划(2016—2035) [Z]. 成都，2017.

[61] 成都市规划管理局. 金牛区分区详细规划（2016—2035年）[Z]. 北京，2018.

[62] http://www.gov.cn/shuju/2019-08/16/content_5421576.htm.

[63] 国务院办公厅. 关于进一步加强城市轨道交通规划建设管理的意见 [Z]. 北京，2018.

[64] 赵勇伟. 基于步行导向的城市公共活动中心区城市设计研究 [M]. 北京：中国建筑工业出版社，2017.

[65] 吴启焰. 城市经济学 [M]. 北京：中国建筑工业出版社，2009.

[66] 董贺轩. 立体城市 [M]. 南京：东南大学出版社，2017.

[67] 段霞. 世界城市发展战略研究 [M]. 北京：中国经济出版社，2013.

[68] 刘皆谊. 城市立体化发展与轨道交通 [M]. 南京：东南大学出版社，2012.

[69] 刘龙胜，杜建华，张道海. 轨道上的世界 [M]. 北京：人民交通出版社，2013.

[70] 北京市委组织部. 把握城市功能定位 促进首都持续健康发展 [M]. 北京：北京出版社，2014.

[71] 中国城市发展创新模式研究课题组. 系统思维提升城市价值 [M]. 北京：中国城市出版社，2011.

后记

中华人民共和国成立 70 年来，我国经历了世界历史上规模最大、速度最快的城镇化进程。2018 年末，我国常住人口城镇化率达到 59.58%，我国城镇化由高速发展转向高品质发展的阶段，人们从对物质的需求转变为对美好生活的向往，由此带来对城市品质和宜居空间的要求日益迫切。

伴随着城镇化进程，城市之间由单一的中心城市发展走向区域合作式的发展模式。中心城市规模不断扩大，实力不断增强，对周边区域产生辐射带动效应。形成以超大特大城市或辐射带动功能强的大城市为中心、以 1 小时通勤圈为基本范围的城镇化空间形态，称为都市圈。

都市圈内的中心与外围区域通过便利的交通网络联系，实现协同发展。2019 年国家发展改革委发布的 328 号文《关于培育发展现代化都市圈的指导意见》提出：统筹考虑都市圈轨道交通网络布局，构建以轨道交通为骨干的通勤圈。推动干线铁路、城际铁路、市域（郊）铁路、城市轨道交通"四网融合"。

轨道交通建设核心是服务于国家整体城镇化发展，并与城镇化发展互为影响促进。国务院办公厅印发《关于进一步加强城市轨道交通规划建设管理的意见》提出：加强城市轨道交通与其他交通方式的衔接融合，鼓励探索地上地下空间综合开发利用。

TOD 模式提出的公共交通引导城市发展的理念，是实现都市圈交通、产业、空间协同发展的主要手段。首先，TOD 通过轨道交通的引领，为培育、促进、形成大都市圈提供强有力的支撑和基础；其次，在国土空间规划背景下，TOD 模式以轨道交通为基本骨架，优化城市空间结构布局；最后，TOD 模式通过将单一功能的用地转变成复合开发用地、地上地下空间一体化集约发展，促进城市建成区的功能调整和功能疏解，完善城市治理体系和治理能力现代化水平，实现城市有机更新，提升城市品质。

以首都都市圈为例，在京津冀协同发展推动下，北京与周边地区共同形成大都市圈是必然趋势。在此背景下，宜立足空间结构的优化，着力加强近郊圈层区域性枢纽和功能培育，发挥近郊新城面向外围地区的空间与交通组织枢纽功能，避免中心城通勤圈扩展带来的大规模极端出行量。

TOD 模式是解决上述问题的重要手段。首都都市圈以北京中心城区为核心，通过轨道交通与外围区域建立联系通道。依托城市地铁带动城区功能调整、打造通州副中心疏解非首都功能，依托市域快线带动雄安、大兴新机场临空经济片区的发展；依托城际铁路网辐射带动河北、天津等地区的协同，形成不同城市间明确的产业分工，强调区域优势资源整合，进而实现首都都市圈各区域的联动发展。

TOD 模式是都市圈协同发展的关键一环，但本书主要关注 TOD 实践过程中关键技术的研究和分享，对于 TOD 如何引导都市圈发展的关键问题仍需深入探讨，希望今后业内能够有更多的专家学者关注 TOD 与都市圈的发展，通过 TOD 模式共建美好城市。